# *Heilende Energie des* Lichts

Roger Coghill

# *Heilende Energie des* Lichts

Urania

A GAIA ORIGINAL

Die englische Originalausgabe erschien 2000 bei Gaia Books Limited, London, unter dem Titel: *The healing energies of light*


| | |
|---|---|
| Redaktion | Jinny Johnson |
| Design | Sara Mathews |
| Bildbeschaffung | Kathy Lockley |
| Redaktionsleitung | Pip Morgan |
| Produktion | Lyn Kirby |
| Leitung | Joss Pearson, Patrick Nugent |

**Wichtiger Hinweis**
Der Autor ist kein Arzt, und die Gedanken, Methoden und Vorschläge in diesem Buch sollen die ärztliche Therapie nicht ersetzen. Alles, was Ihre Gesundheit betrifft, bedarf medizinischer Betreuung. Sprechen Sie mit Ihrem Arzt, bevor Sie etwas aus diesem Buch umsetzen, was eine Diagnose oder medizinische Beratung erfordert. Der Autor und der Verlag sind nicht verantwortlich für Schäden, die direkt oder indirekt auf den Gebrauch dieses Buches zurückzuführen sind.

1. Auflage 2001
ISBN 3-908652-13-8

Übersetzt aus dem Englischen von Christiane Sautter
Einband: Gerd Aumann Kreativ Design, Wiesbaden
Satz: Hissek Satz & Litho, Konstanz
Druck und Bindung: Printer Trento
Printed in Italy

## Fotonachweis

Title Page, Robert Harding Picture Library; Contents page, Britistock-Ifa; 8, Sonia Halliday Photographs; 12-13, Photodisc; 14, ©Tate Gallery; 16, Photodisc; 17, Hutchison Library/Goycolea; 18, AKG London/Erich 19, Photodisc; 20, Hutchison Library/Emile S.; 21, AKG London; 22-23, Photodisc; 24, AKG London; 25, AKG London/Erich Lessing; 27, Photodisc; 28, AKG London/Erich Lessing; 30-37, Robert Harding Picture Library; 39, Steve Tanner; 41, Robert Harding Picture Library; 42-44, Photodisc; 46, Science Photo Library/Jean-Loup Charmet; 47, Science Photo Library/David Nunuk; 48-49B, Britstock-Ifa/Alaska Stock, 48, Photodisc; 50, Gaia; 51, Science Photo Library/Dr Jeremy Burgess; 52-55, Robert Harding Picture Library; 59, Britstock-Ifa/Bernd Ducke; 60-1, Britstock-Ifa/ibt; 62-3, Britstock-Ifa/ H.Schmidbauer; 64, Photodisc; 66, Science Photo Library/ James L. Amos, Peter Arnold Inc.; 69, Britstock-Ifa/ Grafenhain; 71, Photodisc; 72-3, Robert Harding Picture Library; 75, Science Photo Library/Dr Jeremy Burgess; 76, Photodisc; 77, Science Photo Library/B & C Alexander; 78, Science Photo Library/George Gornacz; 79, Gaia; 81, Robert Harding Picture Library; 82-83, Photodisc; 87, Science Photo Library/Quest; 88 R, C, L, Photodisc; 88-9, Robert Harding Picture Library; 89 L,C,R, Photodisc; 90, Photodisc; 93, AKG London; 95, Photodisc; 97, Gaia; 98-9, Britstock-Ifa; 100, Still Pictures/Mark Edwards; 102-3, Britstock-Ifa/Bernd Ducke; 105, Science Photo Library/Hank Morgan; 107, Science Photo Library/Hank Morgan; 109, Outside In; 113, Eduardo Munoz/The Interior Archive (Designer: Nacho Vicens); 118-19, Warren du Preez; 121, Fritz von der Schulenburg/The Interior Archive; 122, Herbert Ypma/The Interior Archive (Architect: Javier Sordo); 125, Tim Clinch/The Interior Archive (Owner: Handelsmann); 126-7, Warren du Preez; 128, Photo: Harry Oldfield, courtesy of Carrie Haines; 130, LightMask; 133, Science Photo Library/Martin Dohrn; 134-35, Science Photo Library/BSIP Astier; 136, Glowing Health/Bioptron; 139, Thrity Engineer, courtesy of 3S; 140-41 Thrity Engineer, courtesy of Life Enhancement Systems; 142, Science Photo Library/John Durham; 143, Science Photo Library/ Professors P.M.Motta & S. Correr; 145, Science Photo Library/David Parker; 146-7, Whale Medical/ www. whalemedical.com; 148-49, Phil O'Connor; 150, Britstock-Ifa.

Widmung

Ich widme dieses Buch meinem lieben
Sohn Alexander Branco Galonja-Coghill

# Vorwort

Für den Physiker ist Licht Teil des elektromagnetischen Spektrums, dessen Energien alle Lebewesen beständig umgeben und durchdringen, eines Spektrums, das von Starkstromfrequenzen bis zu Röntgenstrahlen reicht. Licht ist etwas Besonderes: Es verbindet alle materiellen Objekte. Doch wenn wir es im elektromagnetischen Spektrum markieren, nimmt es nur einen sehr kleinen Raum ein, den einzigen Teil des gesamten Spektrums, den Menschen offensichtlich sehen können. Der Biologe sieht im Licht die Energie, die das Kohlendioxyd in Pflanzen in Glukose verwandelt und dabei den Sauerstoff freisetzt, der uns leben lässt. Licht öffnet uns ein Fenster zur realen Welt. Dasselbe Licht nährt die Seele der Menschen: Ohne Licht werden Pflanzen blass und Menschen traurig.

So sendet das Licht seinen Einfluss bis in die Tiefen unseres Seins: Ohne Licht verfielen wir in Melancholie und unsere Seelen würden ermatten. Ja, wir könnten gar nicht atmen! Daher stammt alles Leben aus dem Licht, und es erhebt unseren Geist in freudige Höhen.

In meinen früheren Büchern habe ich die meisten Teile des elektromagnetischen Spektrums behandelt, doch irgendwie habe ich die optischen Frequenzen – das Licht – bis zuletzt ausgelassen. Ich hätte nie daran gedacht, dieses Buch zu schreiben, wenn der Gaia-Verlag es mir nicht vorgeschlagen hätte. Ich bin froh, dass mich der Verleger überzeugte! Jetzt, wo die Arbeit fertig ist, weiß ich, dass man unmöglich alles, was über die heilende Energie des Lichts zu sagen wäre, zwischen zwei Buchdeckel pressen kann. Der Leser sollte mein Buch deshalb nur als Zusammenfassung des unermesslichen Themas „Licht und seine Heilwirkung" auffassen.

Dieses Thema ist außerordentlich spannend – wie bei einem Säugling in der Wiege gibt es kaum Hinweise auf den reifen Erwachsenen, der daraus entsteht. Mit der Lichttherapie stehen wir auf der Schwelle vollkommen neuer Entwicklungen in der Medizin. Ich hoffe, ich kann dem Leser einen ersten schüchternen Blick in diese neue Welt eröffnen.

RW Coghill

Roger Coghill

6 7 8 9 10 11 12 13

# Inhalt

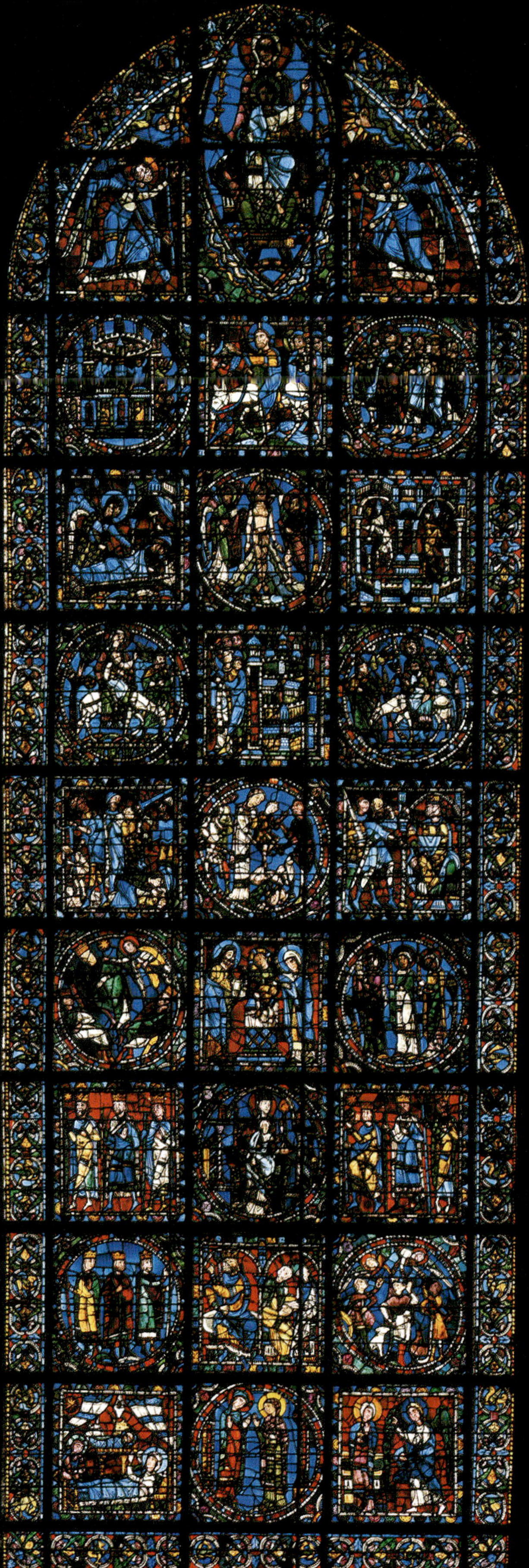

# Einleitung: Der Glanz des Lichts

Wenn Sie vom Murmeln der Gebete begleitet das kühle Halbdunkel der Kathedrale von Chartres betreten, ist das Altertum so überwältigend präsent, dass Sie sich gefühlsmäßig eher im 12. als im 21. Jahrhundert befinden. Während sich Ihre Augen an die Dämmerung gewöhnen, tauchen die mächtigen Säulen des großen Hauptschiffs wie riesige Geisterwächter aus der Dunkelheit. Doch Sie nehmen noch etwas anderes wahr: strahlend blaues Licht.

Von dieser merkwürdigen Wahrnehmung wird Ihre Neugierde geweckt, und Sie spähen auf der Suche nach der Lichtquelle durchs Zwielicht. Vielleicht hat der Anblick der leuchtenden Sonnenblumenfelder auf dem Weg nach Chartres, die sich in gelber Unendlichkeit dem sonnendurchfluteten Horizont entgegen neigen, ihr Sehvermögen beeinflusst?

Sie blicken nach oben, und während Sie die Quelle der Bläue erfassen, stockt Ihnen der Atem. Turmhoch erheben sich Juwelen gleich Fenster in intensivstem Azur, die in den letzten tausend Jahren jeden Besucher dieser geheimnisvollen Kathedrale in ihr Licht tauchten. Diese farbigen Glasfenster, die zu den ältesten Europas gehören, schaffen einen unvergesslichen Eindruck von Licht, das die Seele erfrischt. In einem Zeitalter, wo der Buchdruck noch nicht erfunden war, wundert es kaum, dass die Pilger die heilenden Energien des Bades in diesem tiefblauen Licht so empfanden, als stammten sie vom Baum Jesse.

Die Fenster von Chartres (links) werden die Augen Frankreichs genannt. Im Mittelalter wurde die Herstellung des bemalten Kirchenfensterglases geheim gehalten, so dass alle Arten von Geschichten darüber kursierten. Das berühmte Blau der Fenster soll aus zermahlenen Saphiren gewonnen worden sein und das tiefe Rot durch eine Mischung aus reinem Gold. Tatsächlich wurde das Rot aus Kupfer und das Blau wahrscheinlich aus Kobalt hergestellt.

Die große Kathedrale bietet meiner Überzeugung nach den passenden Rahmen für ein Buch über die heilenden Energien des Lichts. Ein früher mittelalterlicher Katechismus des Bistums Treguier an der Côtes du Nord in Frankreich stellt die Frage, was man beim Betreten einer Kirche tun soll. Die Antwortet lautet klar und deutlich: Nimm heiliges Wasser, bete zum Allmächtigen, gehe danach durch die Kirche und betrachte die Glasfenster. Die Mönche von Treguier wussten um wirkliche Heilung.

## Die Geheimnisse des Lichts

Licht ist überall, doch seine Essenz ist unsichtbar und, wie das Prisma zeigt, es hat viele Geheimnisse. Eines der Geheimnisse nutzen Zauberer für ihre Illusionen: Das, was Menschen mit ihren Augen sehen, entspricht oft nicht im entferntesten dem, was sie der Einfachheit halber glauben. Menschen haben das, was sie sahen, schon immer unterschiedlich interpretiert. Sie verstehen die sichtbaren Bilder im Kontext ihrer Erfahrungen und archaischen Instinkte. Als die Eingeborenen Amerikas zum ersten Mal den spanischen Eroberern begegneten, konnten sie deren Schiffe nicht „sehen", weil sie kein visuelles Konzept für die Galeonen hatten. Unser Gehirn interpretiert das Licht, das unsere Augen aufnehmen, nach unseren individuellen Erfahrungen.

Die Sonne und ihr Licht haben keine Geschichte – nur Eigenschaften. Sie waren immer da und werden immer da sein – ihr Einfluss auf das Leben wird später ausführlich besprochen. Die Sonne taucht in fast allen bekannten Religionen auf: beim Sonnenstein in Stonehenge, der heilkräftig sein soll, wenn ihn die Sonne bestrahlt, bei den alten Ägyptern, den Inkas und Mayas, die Sonnengötter anbeteten, und in unserem heutigen Glauben. Laut dem Apostel Johannes beginnt das Evangelium ganz klar mit dem Licht des Lebens, dem Licht, das in der Finsternis leuchtet: „Das wahre Licht, das jeden Menschen erleuchtet, kam in die Welt."

Nicht alles Licht stammt von unserer Sonne oder anderen Sonnen. Feuer und Elektrizität spenden Licht, ermöglichen sogar Leben auf diesem Planeten. Überall, wo Energie ist, ist wahrscheinlich Licht, wenn wir Licht als den sichtbaren Teil des elektromagnetischen Spektrums definieren. Die Wissenschaftler stimmen überein, dass jede energetische Aktion ein elektrisches Feld, ein Feld aus Elektronen produziert, und dass dieses Feld in Licht umgewandelt werden kann, da Photonen von einer Atomschale zur nächsten springen.

Man sagt, dass Prometheus den Göttern das Licht des Feuers vom Olymp stahl und es den Menschen brachte, wofür er zur Strafe für immer an einen Felsen gekettet wurde. Unsere Vorfahren lebten zusammengekauert in Höhlen und nutzten das Feuer, um die Dunkelheit zu vertreiben und um auf seiner Hitze zu kochen. Für die meisten von uns bildeten Licht und Wärme seitdem eine untrennbare Einheit.

## Endogenes Licht

Die Entdeckung und Erforschung des endogenen organischen Lichts, das jedes Lebewesen ausstrahlt, steckt zu Beginn des Wassermannzeitalters immer noch in den Kinderschuhen, obwohl es deutliche Anzeichen dafür gibt, dass die Alten es schon kannten. Experimente in unseren Laboratorien haben gezeigt, dass endogenes „Licht“ von anderen elektromagnetischen Felder gestört werden kann. Wenn wir es nicht schützen, wirkt sich dies negativ auf unsere Gesundheit aus. Die wichtigsten in diesem Buch beschriebenen Therapien zeigen, dass der Körper und seine Energien durch Licht wieder ins Gleichgewicht gebracht werden können. Ich glaube, dass die Lichttherapie eine bedeutende Rolle in der Medizin des 21. Jahrhunderts spielen wird.

# Heiliges Licht

Licht ist heilig. Es gibt wahrscheinlich keine Religion, die Licht nicht in ihren Mittelpunkt stellt. Licht wird allgemein als Symbol des Lebens und der Spiritualität gebraucht, während die Dunkelheit als Repräsentant der Kräfte des Bösen und des Todes angesehen wird.

Heute haben wir trotz aller Technik immer noch Ehrfurcht vor dem Licht und wissen, dass seine Geheimnisse unentdeckt bleiben. Die Wissenschaftler diskutieren weiter über die Natur des Lichts – ob seine Geschwindigkeit erhöht werden kann, ob es aus Partikeln oder Wellen besteht und ob das Licht nicht doch durch den Äther rast. Immer noch entdecken sie neue Eigenschaften, neue Facetten, neue Anwendungsmöglichkeiten. Auf Kompaktdisketten werden per Laser Informationen mit Lichtgeschwindigkeit eingraviert und gelesen, doch diese Technik gilt in der Welt der Informationsverarbeitung schon jetzt als veraltet. In Zukunft werden wir Licht zunehmend über Fiberoptik senden, um schneller als je zuvor zu kommunizieren.

Doch Licht ist darüber hinaus die Verbindung zwischen dem inneren Organismus des Menschen und seiner Außenwelt, eine heilige und gleichzeitig praktische Brücke zur realen Welt. Diese Vorstellung ist in unzähligen Varianten in unserem Denken und unserer Sprache verankert: „Da geht mir ein Licht auf“ bedeutet „verstehen“, „das Licht unter den Scheffel stellen“ dagegen, seine wahre Intelligenz zu verbergen.

Licht bereichert unsere Erfahrungswelt, schärft unsere Beobachtungsgabe und erhellt die Tiefen unserer Seele. Turners Bild *Der Engel in der Sonne* (links) ist ein perfektes Beispiel für die spirituelle Kraft des Lichts. Die Strahlen der Sonne beleben uns und heben unsere Laune. Jede Morgendämmerung gibt uns neue Hoffnung, neue Entschlußkraft und einen frischen Start. Da wundert es kaum, dass Licht als Symbol göttlicher Macht gesehen wird. „Kiefern und Sonnenlicht sind stärker als jeder Traum“, sagt Robert Pirsig in seinem Bestseller *Zen und die Kunst, ein Motorrad zu fahren* und anerkennt damit die Kraft der Sonne, Leben und Gesundheit zu spenden.

# Spirituelles Licht

Ein Lichtkranz, der den Kopf umgibt, der Heiligenschein, zeigte über 2000 Jahre lang in verschiedenen Religionen die persönliche Heiligkeit eines Menschen. In der christlichen Kunst wurde der Heiligenschein bis zum 5. Jahrhundert nur bei Christus gemalt, danach auch bei den Heiligen und der Jungfrau Maria.

„Die Welt ist voll der Größe Gottes. Sie leuchtet wie der Glanz geschüttelten Blattgolds", schrieb der Dichter Gerard Manley Hopkins (1844-89). Wie vor ihm Heilige, Propheten und Poeten aller Religionen und Zeitalter versuchte er, die spirituelle Wahrnehmung von Licht auszudrücken. Der Versuch, das Geheimnis Gottes, spirituelle Offenbarungen und die damit verbundene Ekstase darzustellen, hat religiöse Autoren und Künstler schon immer herausgefordert. Es ist vielleicht keine Überraschung, dass die meisten strahlendes Licht wählten – scheinbar das am wenigsten materielle Element –, um die unbeschreibliche Herrlichkeit des Göttlichen zu beschreiben.

In vielen Religionen wird die göttliche Macht oder das, was der deutsche Theologe Rudolph Otto das „Numinose" nannte, als Licht in seinen irdisch sichtbaren Formen dargestellt – als Sonne mit ihren Strahlen, als Feuer, Sterne und als Blitz. Licht wird nicht nur genutzt, um mystische Erfahrungen wie die des Apostels Paulus auf dem Weg nach Damaskus zu beschreiben. In der religiösen Ethik repräsentiert es die Kräfte des Guten, der Wahrheit und Rechtschaffenheit gegenüber dem Bösen und den „Kräften der Dunkelheit". Dieser Aspekt ist aus der religiösen Kunst wohlbekannt – ein sanft leuchtender Heiligenschein, der Kopf oder Körper umgibt, zeigt an, dass jemand heilig ist.

## Hinduismus: Das Licht der Götter

Die göttliche Kraft wurde oft mit der Sonne verglichen. Eines der frühesten Beispiele dafür stammt aus dem hinduistischen Rig-Veda, einer Sammlung von 1028 Hymnen und rituellen Lobpreisungen verschiedener Götter, die 1300 v. Chr. entstanden. Max Müller, ein Gelehrter aus dem 19. Jahrhundert, meinte, dass jeder Gott in diesen Hymnen mit der Sonne verbunden sei. Doch obwohl viele Götter wie Vischnu und Agni solare Eigenschaften haben, hat sich Müllers Sicht nie durchgesetzt. Der Gott Surya jedoch ist die vollkommene Personifikation der Sonne: Er lenkt eine strahlend leuchtende, von sieben Pferden gezogene Kutsche. Die Sterne

„verstecken sich wie Diebe", wenn er, „der Schöpfer des Lichts", mit seinem „Flammenhaar" erscheint. Im selben Hymnus wird Surya angerufen, die Gelbsucht zu heilen: Die Gelbfärbung der Haut entspricht der Farbe des Sonnenlichts und kann deshalb nach homöopathischen Prinzipien von Surya geheilt werden.

Vielleicht findet sich der dramatischste „Ausbruch" von Licht in der Bhagavadgita (ca. 500 v. Chr.). Dieser klassische Sanskrittext beschreibt die inneren Kämpfe des Helden Arjuna, der in seinem Wagenlenker den Gott Krischna erkennt. Dieser offenbart sich ihm in seiner göttlichen Form als „vereinte Vielfalt" mit Hunderten von Augen, die aus zahllosen Gesichtern blicken. Krischna strahlt so brillant, dass Arjuna den Vergleich „Licht von tausend Sonnen" wählt, dasselbe Bild, das der Kernwissenschaftler Oppenheimer bei der Testexplosion der ersten Atombombe gebrauchte.

Arjuna ist voll staunender Ehrfurcht und verkündet, dass er alle Götter in Krischna sehen könne, dass die Augen des Gottes wie Sonne und Mond seien und sein Gesicht ein heiliges Feuer, das dem Universum „Licht und Leben" gebe. Später betont Krischna die spirituelle Bedeutung von Licht, indem er Arjuna die drei Formen des Glaubens erklärt – Menschen des Lichts verehrten Götter des Lichts, Menschen des Feuers beteten zu Göttern des Feuers und Menschen der Dunkelheit bevorzugten die Geister.

Die direkte Verbindung zu Licht und Feuer erfahren moderne Hindus während des vier oder fünf Tage dauernden Divali-Lichtfests im Herbst. Das Wort Divali kommt von dipavali, „Lichtreihe", womit Reihen von Kerzen, Lampen oder elektrischen Lichtern, die Gebäude, Balkone und Fenstersimse festlich schmücken, gemeint sind. Licht ist hier auf verschiedenen Ebenen ein kraftvolles Symbol: Auf der praktischen Ebene soll es der Göttin des Reichtums und Glücks, Lakschmi, die Rückkehr erleichtern, auf einer anderen stärkt es die Lebensflamme zu Beginn der dunkleren Wintertage, und darüber hinaus symbolisiert es bei diesem wichtigen, freudigen Fest das Jauchzen des Herzens.

Das Wichtigste beim Divali-Fest ist die Anbetung von Lakschmi, der Göttin des Reichtums und Glücks. Türen und Fenster stehen offen, um sie willkommen zu heißen, und die große Zahl brennender Kerzen stellt sicher, dass sie den Weg im Dunklen findet.

# Das Licht des Erwachens

Eine stilisierte Lichtflamme steigt aus dem Kopf der mittelalterlichen Statue dieses kambodschanischen Buddhas (oben). Die Flamme symbolisiert die erhabene Weisheit, die Prinz Siddhartha Gautama bei seiner Erleuchtung erlangte, als er der Buddha oder „Erwachte" wurde. Wirbelnde vergoldete Schnörkel imitieren das heilige Licht, das die Buddhastatue aus Thailand umgibt (rechts).

Die andere große Religion, die in Indien entstand, ist der Buddhismus, der von Siddharta Gautama (ca. 563–483 v. Chr.) begründet wurde. Der Prinz suchte und fand die Erleuchtung und wurde danach „Buddha" – der „Erwachte" – genannt. Bei der Beschreibung von Offenbarungen spielt Licht im Buddhismus eine genauso wichtige Rolle wie im Hinduismus. Im Gegensatz zu anderen spirituellen Traditionen erklären buddhistische Schriften die zentrale Idee des Nirwana – der spirituellen Erleuchtung – nicht mit der Metapher der Morgendämmerung oder des blendenden Blitzes, sondern eher mit der Überwindung von Samsara – der veränderlichen, vergänglichen Welt der Menschheit. Tatsächlich wird das Licht, das gewöhnlich mit Nirwana assoziiert wird, hier negativ interpretiert, da es von den Feuern des Neids, des Hasses und der Täuschung erzeugt wird. Das Wort „Nirwana" bedeutet wörtlich übersetzt „Auslöschen" und ist am besten mit dem segensreichen Zustand zu vergleichen, der entsteht, wenn diese drei Feuer erloschen sind.

Doch es gibt wichtige Beispiele dafür, dass der Buddhismus strahlendes Licht als Zeichen der Tugend und der fortgeschrittenen Spiritualität betrachtet. In den Dhammapada-Schriften – einer Sammlung von spirituellen Sprüchen, die im 3. Jahrhundert v. Chr. zusammengetragen wurde – steht geschrieben, dass die Tugendhaften „wie der Himalaja über weite Strecken leuchten", während die Bösen dunkel bleiben „wie Pfeile, die nachts abgeschossen werden". In einem anderen Abschnitt steht über einen jungen Mönch, der dem Weg des Buddha folgt, dass sein „Licht hell über der Welt leuchtet wie der Mond am wolkenlosen Himmel". Die Ausstrahlung, die man sich durch das vollständige „Erwachen" – das Erreichen der Buddhaschaft – erwirbt, wird an anderer Stelle mit Hilfe von Vergleichen erklärt: „Die Sonne scheint am Tage, der Mond bei Nacht. In seiner Rüstung strahlt der Krieger gleich dem Brahmanenpriester, wenn er meditiert. Der Buddha jedoch leuchtet Tag und Nacht – in gleißender Herrlichkeit leuchtet der erwachte Mensch." Einige der tiefsten Beschreibungen des spirituellen Lichts im Buddhis-

mus betreffen Amida oder Amithaba, den Buddha des unendlichen Lichts. Der Gott gleiche, himmlische Buddha Amida ist die wichtigste Gestalt der Schule des Reinen Lands, die während des 12. und 13. Jahrhunderts in Japan entstand. Man sagt, dass er über eine paradiesische Sphäre oder Landschaft herrscht, das Reine Land. Während er auf seinem strahlenden Lotosthron sitzt, leuchtet sein Körper golden, dessen Größe und Leuchtkraft jede Vorstellung übertrifft. Seine Gestalt ist von einer gewaltigen Aura umgeben. Er trägt als physische Abbilder seiner persönlichen Tugenden 84 000 Zeichen und von jedem gehen 84 000 Lichtstrahlen aus.

## Die Lehre des Zoroaster: das Licht des Feuers

Im Leben der Anhänger des Zoroaster spielt Feuer eine zentrale Rolle und ist der Mittelpunkt ihrer Feuertempel wie in diesem Tempel in Ateshgan in Aserbaidschan (oben).

Die Lehre des Zoroaster kleidet die Idee des spirituellen Lichts in die Form des Feuers. Diese Religion entstand vor etwa 3000 Jahren im mittleren Osten. Ihr Gründer war der Prophet Zoroaster oder Zarathustra, dessen Lehren die Basis der Religion bilden. Die meisten Anhänger leben heute in Indien und werden „Parsen" (Perser) genannt – eine Erinnerung daran, dass ihre Vorfahren in der Mitte des 19. Jahrhunderts aus Persien flüchteten, um der Unterdrückung durch die Moslems zu entgehen. Im Mittelpunkt dieser Lehre steht der eine Gott, Ahura Mazda – ein Lichtwesen, das ein Kleid aus Sternen trägt und sich am Himmel als Sonne und auf der Erde als Licht manifestiert. Ihm gegenüber steht der böse Geist Angra Mainyu, ein mächtiger Feind, der, so glaubt man, schließlich von den guten Kräften besiegt werden wird.

Eine der Schlüsselideen in Zoroasters Lehren ist das Feuer, das Rechtschaffenheit oder *Asha* symbolisiert. Dadurch wurden Herdfeuer, Sonne und Mond wichtige Konzentrationspunkte für die rituellen Gebete. Heute wird von Anhängern des Zoroaster erwartet, dass sie fünfmal täglich vor einer Lichtquelle beten. Dies kann eine besondere Lampe sein, besser ist jedoch ein lebendiges Feuer in einem Tempel. Einige glauben, dass sich die strahlende Gotteskraft tatsächlich im Feuer verkörpert, während andere die Flammen eher als Symbol der makellosen Reinheit dieses Wesens werten.

# Das Licht der Erlösung

In den drei Hauptreligionen der westlichen Welt – Judentum, Christentum und Islam – symbolisiert Licht Gott, tiefe Spiritualität und Tugend. Für die Juden sorgte der siebenarmige Leuchter oder Menorah viele Jahrhunderte – von der Zerstörung Jerusalems 70 n. Chr. durch die Römer bis zum Holocaust – dafür, dass die Flammen der Hoffnung auch in dunklen Zeiten brannten.

Die erlösende Kraft des Lichts wird beim Hannukah-Fest, einem winterlichen Lichtfest, das acht Tage dauert, sichtbar gemacht. Hannukah erinnert an das 2. Jahrhundert v. Chr., als die Juden unter Führung von Judas Makkabäus und seiner Familie das Joch der Unterdrückung durch die syrisch-griechischen Herrscher abschüttelten. Nach dem Sieg betrat eine Gruppe Juden den Tempel in Jerusalem und fand ihn verschmutzt und entweiht. Sie entdeckten einen kleinen Krug, der gerade genug Öl enthielt, um die Tempellampe einen Tag lang brennen zu lassen. Durch ein Wunder brannte die Lampe jedoch acht Tage – ein Ereignis, an das sich die Juden durch besondere achtarmige Hannukah-Lampen zu Hause und in der Öffentlichkeit erinnern.

Licht war im Judentum immer viel mehr als ein Symbol. Nach der Genesis, dem ersten Buch der Bibel, wurde das physische Licht von Gott geschaffen, der selbst in Form von Licht auftritt. In Exodus 3,2 trifft Mose den Engel des Herrn „in einer Flamme, die aus einem Dornbusch empor schlug". Nachdem Mose die Kinder Israel aus Ägypten in die Wüste geführt hatte, erschien Gott am Tage als Wolkensäule und nachts als „Feuersäule", um ihnen den Weg zu zeigen. Wenn Gott mit Mose sprach, war seine „Herrlichkeit" in den Wolken zu sehen, und es donnerte und blitzte, bevor Er „im Feuer auf ihn (den Berg Sinai) herabstieg", um Mose die Zehn Gebote zu übergeben.

An einer anderen Stelle in der Bibel, im Psalm 27,1 steht: „Der Herr ist mein Licht und mein Heil." Im Talmud – einer Sammlung heiliger Schriften, die von Rabbinern in den ersten Jahrhunderten n. Chr. zusammengetragen wurden – wird Gottes Gegenwart „Schekhinah" genannt, Glorienschein,

In diesem farbigen Holzschnitt aus dem 17. Jahrhundert von Matthäus dem Älteren blickt Mose in der Gestalt eines deutschen Schafhirten ehrfürchtig in die heiligen Flammen Gottes aus dem Dornbusch. Mose zieht sich – nach Exodus 3,5 – die Schuhe aus, denn Gott befahl ihm: „Lege deine Schuhe ab; denn der Ort, wo du stehst, ist heiliger Boden."

Die wunderbar farbigen Glasfenster (nächste Seite) werden durch die Kraft des Lichts lebendig.

ein Zeichen für die Anwesenheit Jehovas. Im Abschnitt über das Leben nach dem Tod steht, dass die Rechtschaffenen mit „gekrönten Häuptern im Glanz der Schekhinah baden".

Auch die mystische Tradition der Juden, die Kabbala, die sich im Mittelalter besonders in Spanien und Frankreich entwickelte, erwähnt eine Verbindung zwischen Licht und Gottheit. Der klassische Text der Kabbala lautet Zohar („Glanz") – ein Name, der aus einem Vers des Buches Daniel (12,3) stammt, in dem es heißt: „Die Verständigen werden strahlen, wie der Himmel strahlt; und die Männer, die viele zum rechten Tun geführt haben, werden immer und ewig wie die Sterne leuchten." Der *Zohar* nennt Gott *En Sof* – „den Unendlichen" – der mit der Welt durch zehn Emanationen verbunden ist, die *Sefirot,* die zusammen das göttliche Licht der Welt bilden. Der *Zohar* sagt weiter, dass, obwohl die göttliche Güte als Lichtfunken in jedem Menschen wohnt, das Böse versucht, diese Funken in „Schalen" einzukerkern. Diese müssen aufgebrochen werden, damit das darin gefangene göttliche Licht leuchten kann.

Ein leuchtend goldener Heiligenschein, der die göttliche Herrlichkeit darstellt, prägt alle Ikonen der Orthodoxen Kirche, wie diese serbische Darstellung aus dem 17. Jahrhundert von Jesus Christus als dem „Pantokrator", dem Herrscher des Universums. Ikonen werden als spirituelle Gegenstände verehrt, und manchmal sollen sie Wunderkräfte haben.

## Christentum: Licht des Lebens

In der christlichen Tradition gibt es viele Beweise dafür, dass Licht mit spiritueller Kraft gleichgesetzt wird – vor allem aber mit Jesus Christus. Das deutlichste Beispiel dafür, dass Christus das „Licht" ist, stammt aus dem Evangelium des Johannes, dem geheimnisvollsten der vier Evangelien. Im ersten Kapitel, das die mysteriöse Beziehung zwischen dem Logos – der gewöhnlich mit „Wort" übersetzt wird – und Gott behandelt, steht: „In ihm war das Leben, und das Leben war das Licht der Menschen. Und das Licht leuchtet in der Finsternis, und die Finsternis hat es nicht erfaßt." Diese kryptischen Sätze bereiten das Erscheinen Jesu vor, von dem gesagt wird: „Das wahre Licht, das jeden Menschen erleuchtet, kam in die Welt." Im gesamten Evangelium wird die Spannung zwischen dem göttlichen Licht Jesu Christi und der spirituellen Dunkelheit derer deutlich, die seine Botschaft zurückweisen.

Jesus selbst stellt dies fest, nachdem er einen blind geborenen Mann heilte (Joh. 9). Er endet die Heilung mit einem Satz, der auf seine Mission abzielt: „Um zu richten bin ich in diese Welt gekommen; damit die Blinden sehend und die Sehenden blind werden." An einer anderen Stelle nennt er sich „das Licht der Welt" und sagt: „Wer mir nachfolgt, wird nicht in der Finsternis umhergehen, sondern wird das Licht des Lebens haben" (Joh. 8,12).

In der christlichen Kunst wird Jesu Heiligkeit oft durch einen Heiligenschein dargestellt. Eine Ursache dafür mag die strahlende Gestalt gewesen sein, die Jesus bei seiner Verklärung zeigte. Die Evangelien berichten, dass Jesus seine Jünger Petrus, Johannes und Jakobus auf einen Berg führte. Während die drei Männer zusahen, wurde er „vor ihren Augen verwandelt; sein Gesicht leuchtete wie die Sonne, und seine Kleider wurden blendend weiß wie das Licht". Mose und Elija gesellen sich zu Jesus, und die Szene erreicht ihren Höhepunkt, als eine strahlende Wolke aufzieht, aus der die Stimme Gottes erklärt: „Das ist mein geliebter Sohn, an dem ich Gefallen gefunden habe; auf ihn sollt ihr hören" (Matth. 17,2-5).

Die Offenbarung des Johannes bietet ein hoch dramatisches Beispiel für die Fähigkeit des Lichts, Materie in Geist zu verwandeln. In dieser Vision vom Ende der Zeit steigt das neue Jerusalem vom Himmel herab, und Johannes versucht, das Unbeschreibliche zu beschreiben: die Stadt, sagt er, war die „Herrlichkeit Gottes" und ihr Licht glänzte wie kostbare Edelsteine; das Gold, aus der die Stadt gebaut war, leuchtete wie „reines Glas", und ihre Grundsteine waren mit „edlen Steinen aller Art geschmückt": mit Jaspis, Saphir, Smaragd und Chalzedon. Die 12 Tore waren aus 12 riesigen Perlen gemacht und die Straßen der Stadt waren auch „aus reinem Gold, wie aus klarem Glas". Die Wirkung dieses Bildes war so überwältigend, dass Johannes feststellte, die Stadt brauche weder Sonne noch Mond, „denn die Herrlichkeit Gottes erleuchtet sie, und ihre Leuchte ist das Lamm" (Off. 21).

In diesem flämischen Gemälde aus dem 16. Jahrhundert wird Jesus in goldenem Licht vor seinen ehrfürchtigen Jüngern Petrus, Jakobus und Johannes verklärt. Über Jesus befindet sich Gott, zu seinen Seiten Mose und Elija. Durch die Verklärung wird Jesu Göttlichkeit kurz vor der Kreuzigung offenbart.

# Islam: das Licht des Prophete

Der Islam wurde im frühen siebten Jahrhundert n. Chr. von Mohammed, dem Propheten Gottes, gegründet. Wie die jüdisch-christlichen Traditionen beschreibt auch der Islam den einen Gott mit Hilfe des Lichts. Die 24. Sure des Korans, des heiligen Buchs des Islams, bekräftigt dies ausdrücklich: „Allah ist das Licht der Himmel und der Erde. Das Gleichnis Seines Lichts ist wie eine Nische, worin sich eine Lampe befindet. Die Lampe ist in einem Glas. Das Glas ist gleichsam ein glitzernder Stern – angezündet von einem gesegneten Baum, einem Ölbaum, weder vom Osten noch vom Westen, dessen Öl beinahe leuchten würde, auch wenn das Feuer es nicht berührte..." (Übers. von Hazrat Mirza Tahir Ahmad). In den darauf folgenden Abschnitten wird erklärt, dass das Licht Allahs in Häusern gefunden wird, die Allah selbst zur Anbetung verordnet hat. Die Ungläubigen aber werden das Licht nicht sehen und werden in Finsternis sein wie „in einem tiefen Meer, eine Woge bedeckt es, über ihr ist eine Woge, darüber ist eine Wolke: Finsternisse, eine über der anderen".

Die Gleichstellung von Allah und Licht gefiel den Anhängern der mystischen Tradition des Islam, den Sufis. Als der Sufi Jalalu'l-Din Rumi (1207-73) seine Überzeugung ausdrücken wollte, dass hinter allen Religionen dieselbe ewige Wahrheit stünde, wählte er das Bild einer Lampe als Beispiel für die einigende Kraft: „Die Lampen sind verschieden, doch das Licht ist dasselbe: Es kommt aus dem Jenseits."

In den ersten Jahrhunderten des Islam entstand die esoterische Idee von Nur Mohammed, „dem Licht Mohammeds", die besagte, dass Allah vor dem Universum den Propheten aus einer „Handvoll Licht" erschuf. Diese Vorstellung wurde im 10. Jahrhundert von dem islamischen Gelehrten al-Masudi verfeinert, der schrieb, dass Allah vor der Schöpfung ein strahlendes Flammenlicht aus seiner Herrlichkeit zwischen unsichtbare Atome sandte, die er zusammenbrachte, um den Propheten daraus zu erschaffen. Im manichäischen Schöpfungsbericht erschrak der Schöpfer vor dem Prinzip des Bösen oder der Dunkelheit und verwandelte sich in Lichtteilchen, die er über die erschaffene Welt verstreute.

Im moslemischen Glauben symbolisieren die glänzenden, Licht reflektierenden Kuppeln der Moscheen die Herrlichkeit Gottes. Weil bildliche Darstellungen Gottes verboten sind, nutzen moslemische Künstler abstrakte Muster und Lichteffekte, um das Göttliche darzustellen. Glasierte Kacheln in verschiedenen Blautönen bemalt, schaffen ein Gefühl von Reinheit und Brillanz (nächste Seite).

# Das Licht in der Mythologie

In vielen alten Mythen spielt Licht eine zentrale Rolle. Die Phönizier zum Beispiel verehrten Baal und Moloch, von denen der eine die wohltuende Kraft der Sonne und der andere ihren verletzenden Aspekt darstellt. Baal Haddad war der junge, kriegerische Gott des Windes und des Gewitters, und einige Mythen berichten, dass er El, den höchsten Vatergott, herausforderte und besiegte. Dafür wurde er selbst getötet und später von seiner Frau oder Gefährtin Anat wieder zum Leben erweckt. Er erklärte allen Göttern den Krieg und besiegte sie. Trotz weiterer Angriffe erlaubte ihm El während der fruchtbaren Jahreszeiten zu regieren. So wurde er zum phallischen Gott der Fruchtbarkeit und Baal genannt. Die Kanaaniter feierten mit den jährlichen Fruchtbarkeitsriten seinen Tod und seine Auferstehung.

Moloch oder Molech mag ein anderer Name für Baal-Hammon sein, der in kultischen Ritualen in Tyrus und Karthago verehrt wurde. Ihm wurden Menschenopfer dargebracht. Einige Quellen berichten, dass man lebendige Kinder in seine ausgestreckten Arme legte und sie dann in ein darunter loderndes Feuer stürzte.

Auf diesem Deckenfresko (oben) von Romano Giulio aus dem 16. Jahrhundert wird der griechische Sonnengott Apollo auf seinem Wagen in rasender Fahrt zur Sonne dargestellt. Das Fresko befindet sich im Sonnenzimmer im Palazzo del Te in Mantua, Italien.

## Apollo, der „Leuchtende"

In der Mythologie der Alten Griechen war Apollo einer der zwölf großen olympischen Götter. Seit Homer wurde er Phoebus Apollo genannt, „der Leuchtende“. Später sah man in ihm den Sonnengott und identifizierte ihn mit Helios. Apollo wurde der Tochter der Titanen Coeus und Phoebe, Leto, auf der Insel Delos geboren. Die Hymne Homers an Apollo beschreibt dessen Geburt: „Letos Zeit war gekommen, und sie mühte sich, ihr Kind zu gebären. Sie schlang die Arme um eine Palme, kniete nieder ... und die Erde lachte vor Glück, als das Kind ins Licht sprang.“

Außer seiner Rolle als Sonnengott wurde Apollo auch als Gott der Musik, des Heilens und des Bogenschießens verehrt. Direkt nach seiner Geburt erklärte er sich zum Propheten des Zeus und schlug die große Schlange Python, die Delphi beherrschte. Danach begründete er dort sein Orakel, das zum wichtigsten in ganz Griechenland wurde. Sein Sieg über Python repräsentiert den Triumph des Lichtgottes über die Kräfte der Dunkelheit. Apollo wird im Klassizismus oft mit seiner Schwester Artemis, der Amazone, oder als Sonnengott dargestellt, der in seinem Sonnenwagen über den weiten Himmel fegt.

## Re, der Sonnengott

In der altägyptischen Mythologie ist Re der Schöpfer, der Sonnengott, der Erfinder des Königtums und der erste König. Jeden Tag wandelte er durch sein Königreich oder segelte mit seinem Millionen Jahre alten Boot über die Himmel. Alle ägyptischen Götter waren Aspekte des Sonnengottes. Wenn die Menschen starben, wurden sie im Jenseits von den Göttern empfangen. So triumphierten auch die Sterblichen über den Tod – wie die Sonne, die täglich über die dunkle Nacht siegt.

Re, der Schöpfer, hatte viele Namen und Gestalten. Man nannte ihn Re, Re-Atum, Amon-Re, Re-Horakhty und den Leuchtenden. In einer Version der Schöpfungsgeschichte bedeckte Dunkelheit den mit Wasser gefüllten Abgrund Nun, in dem der gestaltlose Geist des Schöpfers ruhte. Der erste Lotos stieg aus der Dunkelheit, öffnete seine Blütenblätter und offenbarte einen jungen Gott in seinem goldenen Herzen. Licht strömte aus dem göttlichen Kinderkörper, und die allgemeine Dunkelheit war gebannt. Das Kind war der Schöpfer, der Sonnengott, doch genauso wie der Lotos jeden Abend seine Blätter schließt und im Wasser versinkt, so regiert das Chaos jede Nacht, bis der Gott in der Morgendämmerung zurückkehrt. Weil das Chaos nicht von Anfang an gebannt wurde, lebt es in den Schlangen weiter, die immer darauf warten, den Sonnengott anzugreifen. Dies dient als Metapher für den endlosen Kampf zwischen den Kräften des Chaos und der Ordnung.

Eine der Töchter Res war Hathor. Auch sie hat viele Formen, doch in ihrer Rolle als Auge der Sonne war sie am grausamsten. Sie hatte die Macht über Leben und Tod, und niemand wagte ihr zu widersprechen, wenn sie zornig war. Obwohl sie die Götter schützen sollte, verließ sie Ägypten nach einem Streit mit ihrem Vater und ging nach Nubien. In ihrer Abwesenheit bedrohten Dunkelheit und Chaos Licht und Ordnung. Ohne die Macht seines Auges war Re blind gegenüber den Taktiken seiner Angreifer. Schließlich brachte Thoth, der weiseste der Götter, Hathor nach Ägypten zurück, indem er ihr ihr Tun in gleichnishaften Fabeln vor Augen führte. Ganz Ägypten feierte ihre Rückkehr.

## Legenden aus Zentral- und Südamerika

Der 1479 geschaffene große Kalenderstein der Azteken (oben) stellt das Universum dar. Das Gesicht des Sonnengotts Tonatiuh ist in der Mitte, umgeben von vier Ornamenten, in welchen die Daten der zukünftigen Zeitalter der Welt verzeichnet sind. Im nächsten Kreis sind die Namen der 20 Tage des aztekischen Monats aufgeführt, wobei die sie umgebenden Muster Sonnenstrahlen symbolisieren.

Die Macht von Sonne und Mond ist auch Thema der südamerikanischen Mythologie. Die Kultur der Maya reicht zurück bis 2600 v. Chr., doch erst ab 250 n. Chr. spricht man von einer Hochkultur. Die Mayas lebten im Gebiet des heutigen Guatemala, Belize, Honduras, El Salvador und der mexikanischen Halbinsel Yucatan. Ab 900 n. Chr. nahm ihr Einfluss wieder ab, doch die wichtigsten Zentren wurden erst im Jahre 1541 von den Spaniern zerstört.

Die Mythologie der Mayas ist nicht vollständig entschlüsselt, doch wir wissen, dass sie die Zeit genau kalkulierten, denn ihre Berechnung des wahren Sonnenjahrs war genauer als der Julianische Kalender Cäsars. Ihr Interesse an Kalendern war zum Teil dadurch begründet, dass sie Ackerbau betrieben, doch sie waren auch Astronomen. Die Astronomenpriester hielten Sonne, Mond, Venus, Jupiter und die anderen Planeten für Götter, deren rhythmischer Tanz in den Himmeln den Menschen als Vorbild dienten.

Einige Versionen der Maya-Mythologie bezeichnen Itzamma als den alleinigen, höchsten Gott der Himmel. Andere Versionen stellen ein Pantheon, eine Götterschar dar, deren Rollen und Verantwortungsbereiche sich überschneiden. In diesem System ist die Erste Mutter, eine Mondgöttin, die Mitschöpferin eines neuen Kosmos. Aber auch Ix Chel oder die Dame des Regenbogens wird Mondgöttin genannt.

In Mittelamerika waren die frühsten Götter die Jaguargötter. Der Sonnengott der Mayas, Kinich Ahua, verfolgt den

Lauf der Sonne am Himmel, doch wenn die Sonne abends durch das Tor des Westens tritt und in die Unterwelt fällt, wird er zum gefährlichen Jaguargott. Der Maisgott, ein weiterer wichtiger Gott aus dem Pantheon, ist auch mit dem Thema „Leben und Tod“ verbunden. Er gehört zum Sonnengott, folgt dem Zyklus der Sonne am Himmel, dem Niedergang und der Wiedergeburt in die Himmelswelt.

Die Azteken oder Mexica waren eine alte Zivilisation, deren Götter verlangten, Opfer in Form von Menschenherzen von den Stufen ihrer Tempelpyramiden zu schleudern. Unter ihrem Führer Montezuma I. führten sie in Zentralmexiko ein gewalttätiges, blutiges Regime.

Ihr Sonnengott hatte viele Aspekte. Die Mexica glaubten, dass die Sonne aus dem Selbstopfer der häßlichen Gottheit Nanautzin entstanden war, der in ein Feuer sprang und sich in die Sonne verwandelte. Der Gott Tecciztecatl, der eigentlich mit ihm springen wollte, zögerte und wurde später der Mond, dessen männliche Gestalt später mit Feigheit assoziiert wurde. Die Tlazolteotl oder „Göttin des Unflätigen“ wurde auch dem Mond zugeordnet. Tonatiuh war der Sonnengott, dargestellt durch die Sonnenscheibe. Die Mexica benutzten einen besonderen Sonnenaltar bei ihren Krönungsriten, bei denen sie Sklaven opferten. Den Kriegern stand Tonatiuh, den man auch „der, welcher weiter scheint“ nannte, besonders nahe.

Ein anderer Aspekt des Sonnengotts ist Tlalchitonatiuh, die „erdgebundene Sonne“, die auf Darstellungen manchmal vom Abendstern geschlagen wird, um Yacomicqui zu werden, die Sonne, die von der Nacht „getötet“ oder geopfert wird. Yohualtonatiuh ist die „Nachtsonne“, die verschrumpelt und häßlich in der Unterwelt lebt. Weil die Nacht mit Hässlichkeit und Unterwelt verbunden wurde, scheuten die meisten Mexica die Nacht, und nur mutige, ausgebildete Priester wagten sich nach Einbruch der Dunkelheit hinaus.

## Nordamerikanische Legenden

Die wichtige Rolle der Sonne in der Kultur der eingeborenen Völker zeigt sich in den Legenden zahlreicher Stämme in den Vereinigten Staaten und Kanada. Viele Stämme wie die Cheyenne, Sioux und Pawnee führen den traditionellen Sonnentanz auf: Die Männer tanzen, gesegnet von ihren Schamanen, drei oder vier Tage und Nächte lang vor ihren Stammesgenossen. Dabei fasten sie und verletzen sich, indem sie die Haut mit Spießen durchbohren. Die folgende Legende der Cherokee gibt die Erklärung, warum die Indianer für die Sonne tanzen:

Die Sonne verabscheute die Menschen auf der Erde, weil diese, wenn sie zu ihr aufschauten, blinzelten und die Gesichter verzogen, während sie ihrem Bruder, dem Mond, zulächelten. Dies machte sie sehr eifersüchtig, und sie schickte den Menschen Fieber, um sie zu töten. Das Fieber wirkte so verheerend, dass nur noch wenige Menschen übrigblieben. Diese entschlossen sich, die Sonne zu töten, weil sie fürchteten, ganz ausgerottet zu werden. Durch magische Kräfte verwandelten sie einen Menschen in eine Klapperschlange und schickten sie zum Haus der Sonnentochter, um dort auf die Mutter zu warten. Durch ein Missgeschick biss die Schlange aber die Tochter, und diese starb bald darauf.

Als die Sonne merkte, was geschehen war, zog sie sich zurück und trauerte. Jetzt gab es kein Fieber mehr, doch es war dunkel und die Menschen froren. Deshalb gingen sieben Auserwählte ins Land der Geister, um die Sonnentochter zurückzubringen. Als ihr Geist an ihnen vorbei tanzte, überwältigten ihn die Menschen und sperrten ihn in eine Kiste. Auf dem Rückweg beklagte sich die Tochter, sie bekäme keine Luft, und so öffneten sie den Deckel ein wenig. Da flog die Tochter heraus, verwandelte sich in einen roten Vogel und kehrte schnurstracks ins Land der Geister zurück. Als die Sonne sah, dass die Menschen mit leeren Händen zurückkehrten, begann sie zu weinen, und aus ihren Tränen entstand eine große Flut. Um die Flut aufzuhalten und die Sonne zu erheitern, begannen die Menschen zu tanzen.

Die indianischen Teilnehmer des Sonnentanzes blicken in die Sonne, während sie Flöten aus Adlerknochen spielen und tanzen. Zeremonielle Tänze (links) verloren in der ersten Hälfte des 20. Jahrhunderts an Wichtigkeit, doch seit den siebziger Jahren werden sie als Zeichen der indianischen Kultur und Identität wieder gepflegt.

# Der Sonne Zeichen setzen

Ein Großteil der Architektur der alten Kulturvölker richtete sich klar nach den Bewegungen von Sonne, Mond oder Erde – nach den Bewegungen des Lichts. Newgrange in Irland, Stonehenge in England, die Menhire in Carnac in Frankreich, die große Pyramide in Ägypten oder die Stufenpyramiden in Südamerika und viele andere alte Stätten waren dazu gebaut, das Licht der Sonne an wichtigen Tagen oder zur Sonnenwende zu markieren.

Ein Beispiel dafür ist Teotihuacan, das nahe dem heutigen Mexico City liegt. Die zum Teil rekonstruierte Ruinenstadt gehörte zu einer alten Zivilisation, die Mexikos erste städtische Gesellschaft hervorbrachte. In ihrer Blütezeit – etwa zwischen dem Jahr 0 bis 605 – war Teotihuacan sicher die größte und bei weitem eindrucksvollste Stadt des vorspanischen Amerikas. Zweifellos waren den Einwohnern Sonne und Mond wichtig. Die Sonnenpyramide ist, neben der Ruine in Cholula, die größte in Mexiko. Sie ist exakt so ausgerichtet, dass die Sonne an zwei Tagen des Jahres, am 19. Mai und am 25. Juli, genau über ihrer Spitze erscheint.

Die Erbauer von Castle Rigg in Cumbria in Nordengland wählten einen Platz, an dem der Horizont genau die Achse des Sonnenuntergangs bei der Sommersonnenwende nachvollzieht. Diese Achse wird als Schlüsselachse des Jahrs verstanden, weil sie den Wendepunkt der Lichtkraft der Sonne dort kennzeichnet, wo sie weit entfernt am Horizont versinkt. Die Wintersonnenwende ist genauso wichtig, doch weniger gut sichtbar.

Fast alle vorindustriellen Gesellschaften verbanden die Bewegungen der Himmelskörper mit Gesundheit und setzten dieses Wissen in der Architektur ihrer Tempel um. Beim Versuch, den Sinn der massigen prähistorischen Steinstätten zu ergründen, gerät man ins Spekulieren: Die Sonne heizt zum Beispiel die Steine auf, und dadurch setzt die unterschiedliche kristalline Struktur der Steine Elektronen frei. Alle Elektronen sind von Natur aus negativ geladen. Wenn Steinstätten wie Stonehenge von der Sonne aufgeheizt werden, sind sie Generatoren für negative Ionen, die ihre heilkräftige

Die Sonnenpyramide in Teotihuacan (oben) ist eine der größten Pyramiden Mexikos und so ausgerichtet, dass das Sonnenlicht an zwei Tagen des Jahres, am 19. Mai und 25. Juli, genau um 12.00 Uhr mittags über die Spitze fällt. Die Gestaltung der ganzen Stadt ist danach ausgerichtet. Im Herzen der Pyramide liegt eine Höhle. Dieses innere Heiligtum ist wahrscheinlich der Grund für die Gründung der Stadt.

Wirkung bereits bewiesen haben. Vielleicht ist die Mauer von Newgrange deshalb mit Quarz verkleidet und die Seitenflächen der Großen Pyramide sind deshalb poliert, weil dadurch die Produktion negativer Ionen verstärkt wird. Die Alten mögen viel besser als wir verstanden haben, dass negative Ionisierung wichtig ist.

Great Cairn in Newgrange hat eine Frontmauer aus Quarz, die die Wintersonnenwende anzeigt. Wenn das schwache Sonnenlicht scheint, dringen die Strahlen durch einen engen Schaft in das Innere des Hügelgrabs. Michael Poynder setzt sich in seinem Buch *Pi in the sky* äußerst detailliert mit der Bedeutung dieser sorgfältig geplanten, massiven Architektur und zugleich mit altem keltischen Wissen auseinander. Könnten die Spiralen, die in die Steine des Great Cairns eingegraben sind, eine verlorene Technologie symbolisieren? Welche lang vergessene Botschaft geben sie uns? Poynder behauptet, dass die großen Zivilisationen der Vergangenheit wie die der Ägypter, der Mayas und der Inkas deshalb so plötzlich untergingen, weil die Lebenskraft – die Sonnenenergie, die den Planeten durch solare Winde erreicht und mit Hilfe des Lichts auf unsere atmosphärische Dichte einwirkt – stark zurückging. Dadurch wurde das geomagnetische Feld der Erde stärker, die natürliche Fruchtbarkeit nahm ab und brachte die Lebenskraft aus dem Gleichgewicht.

Newgrange (oben) in County Meath, Irland, wurde um 3200 v. Chr. erbaut und ist eines der ältesten Bauwerke der Welt. Sein gaelischer Name bedeutet „Höhle der Sonne".

Die merkwürdigen dreifachen Spiralen in Newgrange findet man überall in der prähistorischen Welt: auf den Steinbildern der Zunis in New Mexiko und auf Vasen aus Gräbern im Mississippital. Dieselben dreifachen Spiralen gehörten zu den Lieblingsmustern der Menschen in der Bronzezeit in Europa.

Wir können die architektonischen Meisterleistungen der alten Welt – wie die Pyramiden und Stonehenge – immer noch nicht erklären, doch sie lassen eine unerwartet fortgeschrittene Technik vermuten. Eine Studie schätzte, dass die damals bekannte Einwohnerschaft der Britischen Inseln sieben Jahre lang hätte arbeiten müssen, um die Steinkreise und die mittleren Trilithe von Stonehenge zu schaffen.

## Die Zyklen der Sonnenflecken

King, Hurst und ihre Kollegen vom Appleton Laboratorium in England stellten 1974 in der Zeitschrift *Natur* die wichtige Übereinstimmung zwischen dem Ertrag von Gemüse und Getreide und dem Zyklus der Sonnenflecken vor. Sonnenflecken sind Stellen auf der Oberfläche der Sonne, die kühler sind als ihre Umgebung und ein besonders starkes Magnetfeld haben. Sie kommen und gehen in regelmäßigen Zyklen von etwa 11 Jahren. King entdeckte, dass die besten Erntejahre immer mit der Kulmination des Sonnenflecken-Zyklus übereinstimmte. Könnte es sein, dass Stonehenge für die Bauern nicht nur ein einfacher Sonnenkalender war, sondern darüber hinaus die Sonnenflecken, oder besser, ihre magnetischen Stürme anzeigte? Dann hätte man damit wahrscheinlich auch Grippeepidemien und andere Störungen, die mit Sonnenflecken in Verbindung gebracht werden, vorhersagen können. Sonnenflecken können ohne Teleskope nicht gezählt werden, doch die Forschung hat gezeigt, dass man sie durch den Vergleich der Temperaturen des gegenwärtigen mit denen des vergangenen Jahres bestimmen kann.

Um ohne Quecksilberröhre die Temperatur zu überwachen, kann man eine lange Metallstange messen. Diese muss an einem Ende an einem schweren Gewicht verankert sein, und das Gewicht darf sich nicht ausdehnen. Die schweren Steine von Stonehenge hätten diese Aufgabe bewunderungswürdig erfüllt. Beim Ansteigen der Temperatur von nur einem Zehntelgrad dehnt sich eine 100 Meter lange Stange um 12 Zentimeter aus, was durchaus reicht, um die Aktivitäten der Sonnenflecken zu überwachen. Silizium hätte sich im Gegensatz dazu bei derselben Temperaturveränderung nur ein Hundertstel so weit ausgedehnt. Im Laufe der Zeit hätten sich die Eisenstangen durch Oxidation langsam aufgelöst und nur die Steine wären zurückgeblieben. Ich gebe zu, dass ich spekuliere, doch es würde mich nicht überraschen, wenn die Alten solche Methoden genutzt hätten, um die Auswirkung der Sonnenflecken auf die Erde zu erforschen.

Stonehenge (links) liegt auf der Ebene von Salisbury in Wiltshire in Südengland. Die ältesten Teile entstanden etwa zwischen 3100 bis 2300 v. Chr. Experten glauben, dass die Steine nicht nur nach dem Lauf der Sonne ausgerichtet waren, sondern dass mit ihrer Hilfe Ereignisse wie Sonnenfinsternisse vorausgesagt werden konnten.

# Skulpturen aus Licht

Der kalifornische Künstler James Turrell ist kein gewöhnlicher Bildhauer – sein Werkstoff ist Licht. Er nutzt das Licht nicht als Farbe auf der Leinwand oder gar auf dem Computermonitor, sondern bedient sich des natürlichen, offenen Raums der Luft. Damit möchte er unsere Augen für das Licht öffnen und den Himmel in unser Leben integrieren.

Oft kreiert er einfache weiße Räume mit geometrischen, scharf geschnittenen Löchern im Dach, die dem Betrachter den Himmel nahebringen und dessen Farben einen einzigartigen Rahmen geben. Bei einem Objekt in der Newlyn Gallery in Cornwall schuf Turrell einen scheinbar lichtlosen Raum. Wenn sich die Augen an die Dunkelheit gewöhnt hatten, erschien wie aus dem Nichts an einer Wand ein dickes grau-schwarzes Rechteck. Doch bei näherer Betrachtung bemerkte der Besucher, dass es sich dabei nicht um Farbe handelte, sondern um einen Raum. Diese Illusion hatte dramatische Auswirkungen: Eine Frau versuchte erfolglos, Turrell zu verklagen, weil sie sich bei einer seiner Ausstellungen das Handgelenk brach. Sie lehnte sich gegen eine ihrer Meinung nach blaue Wand, die sich als blaues Licht entpuppte.

Wie ein gerahmtes Ölbild lenkt Turrells Technik die Aufmerksamkeit auf die Eigenschaft des Lichts. Er sagt, dass es vielen großen Malern wie Giotto und Vermeer bei ihren Bildern eigentlich nur um Licht gehe, denn die dargestellten Themen seien unbedeutend. Auch Monets Gemälde vom Heuhaufen konzentriere sich auf Licht; das unrühmliche Objekt des Heuhaufens sei nur dessen Träger.

Das spektakulärste Objekt und damit gleichzeitig ein Höhepunkt von Turrells Karriere ist sein Projekt in der Wüste von Arizona, wo er vor 25 Jahren einen erloschenen Vulkan erstand. In den konischen Krater des Vulkans grub er zehn große Kammern, die durch verdunkelte Korridore verbunden sind. Jede Kammer hat ihren eigenen Himmelsraum, dessen Ausrichtung präzise geplant wurde, um das Licht des Nachthimmels in seinen verschiedenen Qualitäten einzufangen. Wenn er fertiggestellt ist, wird Turrells Vulkan eine Mischung aus Sternwarte und Kunstwerk sein.

An einem Hügel in Cornwall im Südwesten Englands schuf James Turrell ein Objekt, die „Elliptische Eklipse", um die Sonnenfinsternis, die in Teilen der Welt im August 1999 sichtbar war, zu feiern. Der Besucher liegt im Objekt, schaut durch die augenförmige Öffnung und erlebt das Licht und den Himmel völlig neu.

# Meditation mit Licht

Licht ist eine wichtige Hilfe bei der Meditation und kann ihre Wirkung steigern. Meditieren Sie bei schönem Wetter möglichst draußen, denn so beruhigen Sie nicht nur Ihren Geist, sondern gewinnen darüber hinaus die Heilkraft des natürlichen Lichts und der frischen Luft. Für diese Art von Meditation ist direktes Sonnenlicht wichtig (nicht mittags!). Es sollte möglichst still sein (schwierig in den Zeiten des Straßen- und Flugverkehrs). Natürliche Geräusche wie Vogelgesang, raschelnde Blätter im Wind oder fließendes Wasser stören dagegen nicht. Ich würde eine sonnendurchflutete Lichtung auf einem Hügel bevorzugen oder einen Fleck nahe einem schnell fließenden Fluss. Parks sind auch geeignet, und meist sind sie am späten Nachmittag, der besten Zeit für eine Sonnenlicht-Meditation, auch ruhig genug. Dreißig Minuten reichen, um die tägliche Ration Vitamin D und die anderen nützlichen Komponenten des Sonnenlichts aufzunehmen.

Die besten Bedingungen herrschen nur im warmen Sommer. Planen Sie in den Ferien am Spätnachmittag Zeit ein für Ihre Meditation am Strand, und versuchen Sie, so nahe wie möglich an einem großen Granitfelsen oder Vulkanstein zu sitzen, wo Sie dessen Hitze spüren können. Das mag Ihnen wenig praktikabel erscheinen, da Sie andere Strandbesucher stören könnten, doch wenn Sie nicht aufgeben, werden Sie Orte finden, wo sich der Versuch lohnt. Entfernen Sie sich von der Menge, und erforschen Sie die Umgebung: Früher oder später werden Sie über ein versteckt gelegenes Fleckchen stolpern!

Suchen Sie sich mehrere Lieblingsplätze für Ihre Meditation. Betrachten Sie die Umgebung, und prägen Sie sich die Einzelheiten ein. Wenn Sie später mit geschlossenen Augen den Platz visualisieren, wird das innere Bild auf Ihren Geist ähnlich wirken. Wie der Dichter John Donne schrieb: „Wenn ich empfinde, dass ich dich habe, dann habe ich dich; denn die Wirklichkeit ist nichts als Wahrnehmung."

Sie können die Meditation vervollkommnen, indem Sie das Muster betrachten, das die Schatten der im Winde raschelnden Blätter auf den Boden malen, oder den Wolken folgen. Hängen Sie einen Kristall auf, damit seine leuchtenden Regenbogenfarben immer wieder durch Ihr Sichtfeld streifen.

Im Winter ist die Meditation nicht so einfach, doch Sie können das Sonnenlicht durch eine Kerze oder ein offenes Feuer ersetzen. Selbst eine tickende Uhr in einem ruhigen, gut beleuchteten Raum ist besser als nichts. Vielleicht mögen Sie beruhigende Musik, doch Sie sollten eine Zeit der Stille einplanen: Die falsche Musik kann Ihren Geist gerade dann, wenn er still sein sollte, gefangen nehmen.

Wenn Sie in einem Raum meditieren, benutzen Sie einen Ionisator, um die Luftqualität zu verbessern. Negative Ionen dienen der Gesundheit, doch sie werden durch Elektrogeräte neutralisiert. Ein Ionisator kann sie ersetzen und ein Gefühl des Wohlbefindens erzeugen. Ionisatoren gibt es in unterschiedlichen Formen und Größen, und manche sind klug konstruiert. Ich mag es, wenn die Nadeln in eine Spitze auslaufen, die sich dann durch die Rückstoßkraft der Ionen dreht. Gewöhnlich sind diese Ionisatoren nicht sehr stark, doch als Meditationshilfe haben sie ihren eigenen Charme.

Natürlich wäre der allerbeste Platz zum Meditieren eine weiträumige Kirche, wo das Licht durch große, leuchtend farbige Glasfenster fällt. An solchen Orten brennen oft Kerzen, und die Kontemplation über die stillen oder sacht flackernden Flammen gehört auch zu den Lichtmeditationen.

Die Körperhaltung bei der Meditation ist ebenfalls wichtig. Jede Handhaltung des Buddha hat ihre besondere Bedeutung. In der Öffentlichkeit mag das normale Sitzen eine gute Lösung sein. Wenn Sie mehr Privatsphäre haben, möchten Sie vielleicht lieber liegen. Ich zögere, den Lotossitz oder ähnliche Haltungen zu empfehlen, weil diese Schmerzen verursachen mögen, wo wir doch Entspannung wollen.

Schließlich ist die beste Meditationsanweisung der Rat, es einfach zu tun. Meditieren Sie, dann werden Sie die „ruhige leise Stimme der Stille" hören. Die Sonne und die sanften Geräusche der Natur tun das übrige.

Der flackernde Tanz einer Kerzenflamme fördert sanfte Meditation, hilft den überaktiven Verstand zu beruhigen und tröstet bei Sorgen und Ängsten.

# Kreisläufe des Lichts und des Lebens

Licht ist essentiell wichtig. Jedes Lebewesen auf diesem Planeten reagiert auf die Rhythmen von Licht und Dunkelheit, ausgelöst durch die Bewegungen der Erde. Lebewesen sind Gewohnheitstiere – sie sind daran gewöhnt, auf Licht zu reagieren. Die Sonne, die Quelle des Lichts, ist das Kraftwerk des Lebens – ohne sie könnten Pflanzen nicht wachsen und Tiere nicht überleben. Die Fotosynthese der Pflanzen verwandelt Kohlendioxyd in Zucker und versorgt die Welt mit Leben spendendem, Energie freisetzendem Sauerstoff.

Wir können einen Monat lang ohne Nahrung überleben, einige Tage ohne Wasser, doch ohne Sauerstoff leben wir nicht länger als sechs Minuten. Wir mögen täglich etwa zwei Kilogramm Nahrungsmittel zu uns nehmen und zwei Liter Flüssigkeit trinken, doch wir atmen dreieinhalb Kilogramm Sauerstoff ein, mehr als die Menge von Nahrung und Flüssigkeit zusammen. Und dieser lebenswichtige Sauerstoff entstammt dem Sonnenlicht!

Das Leben auf der Erde ist an den Rhythmus des Lichts gebunden – an Tag und Nacht und an die unterschiedlich langen Tage –, den unser Planet durch seine Drehung verursacht. Alle 24 Stunden dreht sich die Erde um ihre Achse und bewirkt so den Rhythmus von Tag und Nacht. Fast alle Lebewesen sind an diesen 24-stündigen Zyklus gebunden. Obwohl die meisten Menschen nicht mehr mit der Sonne leben – bei Sonnenuntergang zu Bett gehen und bei Sonnenaufgang aufstehen –, funktioniert unser Körper immer noch nach dem Tages- oder Zirkadian-Zyklus. Mehr als hundert Körperfunktionen steigen und fallen regelmäßig alle 24 Stunden. Zum Beispiel ist der Blutzuckerwert mittags am höchsten und fällt nachts ab. Die Zellen teilen sich nachts am schnellsten und mittags am langsamsten.

Es gibt auch jährliche Lichtrhythmen. Die Erde braucht ein Jahr, um die Sonne zu umrunden, und zusammen mit der Drehung um die eigene Achse entstehen daraus die Jahreszeiten, die sich auf fast alle Tiere und Pflanzen auswirken.

# Tagesrhythmen

Wenn man den täglichen Biorhythmus des Körpers kennt, wird klar, warum Jetlag Schwierigkeiten macht. Beim Überqueren von Zeitzonen brauchen unsere Körperrhythmen mehrere Tage, um sich auf die neuen Umstände einzustellen. Daher fühlt man sich müde und zerschlagen.

Diese viktorianische Postkarte (gegenüber) zeigt eine Blumenuhr – besonders ausgewählte Blumen, die sich zu verschiedenen Tageszeiten öffnen und schließen. Der Betrachter konnte die ungefähre Zeit an der Sorte der blühenden Blumen ablesen.

Die Tagesaktivitäten der meisten Kreaturen sind eng an die Rhythmen von Licht und Dunkelheit gebunden. Am Tag aktive Tiere wie Affen, Menschenaffen und die meisten Vögel suchen sich in der Abenddämmerung gewöhnlich einen sicheren Ort zum Schlafen und regen sich erst wieder in der Morgendämmerung. Für sie ist die Nacht gefährlich, da ihre Feinde im Schutz der Dunkelheit leichter angreifen können. Andere Tiere schützen sich vor dem Licht und sind nur nachts aktiv. In heißen Wüsten zum Beispiel ist die Hitze für viele Tiere zu groß; sie verbringen den Tag lieber in kühlen Höhlen, um in der Dämmerung nach Nahrung zu suchen. Für Amphibien wie Frösche und Salamander, die ihre Haut feucht halten müssen, wirkt das Sonnenlicht austrocknend, und so sind sie gewöhnlich nur nachts unterwegs. Auch Pflanzen haben Rhythmen. Akazienblüten legen sich abends zusammen, und auch die Blütenblätter einiger Gänseblümchenarten schließen sich bei Nacht.

Der Botaniker Carolus Linnaeus (1701–80), der das Pflanzenreich klassifizierte, stellte eine Blumenuhr zusammen, indem er notierte, wann sich die verschiedenen Pflanzen öffneten und schlossen. Im 19. Jahrhundert wurde die Idee begeistert aufgegriffen. Man legte Gärten in Form von Zifferblättern an, deren Blumen sich in jedem Beet zu unterschiedlichen Zeiten öffneten. Welche geheimnisvollen Mechanismen die verschiedenen Öffnungszeiten auslösen, ist immer noch unbekannt, doch es hängt eher mit der elektromagnetischen Energie und ihren spezifischen Frequenzen zusammen als mit der Temperatur.

Es steckt sicher mehr hinter den Tagesrhythmen als äußere Anreize. Experimente zeigen, dass Organismen über eine Art innerer Körperuhr verfügen, die einem Zyklus von etwa 24 Stunden folgt. Wenn ein Tier im Labor in völliger Dunkelheit gehalten wird, bleibt sein Aktivitätsrhythmus zuerst bestehen. Nach einigen Tagen jedoch weicht er geringfügig vom Sonnenrhythmus ab. Normalerweise wirkt die Umwelt durch die veränderten Lichtverhältnisse von Morgendämmerung und Abenddämmerung auf die Körperuhr des Organismus ein.

PASSION FLOWER
CARNATION
SQUILL
PYRETHRUM
PURPLE HAWKWEED
CATCH FLY
EVENING PRIMROSE
WHITE LYCHNIS
PIMPERNEL
FIELD MARIGOLD
ALPINE DANDELION
STAR OF BETHLEHEM
12 NOON 1 2 3 4 5 6 7 8 9 10 11
LINNÆUS' FLORAL CLOCK

# Die Sonnenfinsternis

Es gibt keinen aufregenderen Beweis dafür, welche Wirkung Licht und Schatten auf die Natur haben, als die völlige Sonnenfinsternis. Während der kurzen Periode des Halbdunkels – oder der völligen Dunkelheit bei der totalen Sonnenfinsternis –, verstummen die Vögel und setzen sich auf ihre Stangen, die Schafe hören auf zu blöken, die Kühe hören auf zu muhen, und eine seltsame Stille überzieht das Land, bis die Sonnenfinsternis vorübergeht und die Sonne wieder hinter dem Mond auftaucht.

Eine totale Sonnenfinsternis ereignet sich dann, wenn sich der Mond zwischen Erde und Sonne schiebt und ihr Licht verdeckt. Obwohl die Sonne 400-mal so groß ist wie der Mond, scheinen beide gleich groß zu sein, denn durch einen seltsamen Zufall ist sie etwa 400-mal so weit von der Erde entfernt. Eine Sonnenfinsternis ereignet sich alle 18 Monate, doch jede ist nur in einem schmalen Band sichtbar, das niemals breiter als 270 Kilometer ist. Daneben ist nur eine Teilfinsternis zu sehen – der Mond scheint nur einen Teil der Sonne zu verdecken. Astronomen können vorhersagen, wann eine Sonnenfinsternis geschieht und wo sie sichtbar ist.

Wenn die Finsternis beginnt, bewegt sich der Mond langsam über die Oberfläche der Sonne. Es dauert etwa eine Stunde, bis er sie vollkommen bedeckt. Bei einer totalen Finsternis wird es dunkel, und von der Sonne ist nur noch die leuchtende Korona zu sehen – die äußere Atmosphäre der Sonne. Ich habe das geomagnetische Feld während der Eklipse gemessen und fand heraus, dass es deutlich gefallen war. Die Finsternis dauert maximal siebeneinhalb Minuten, oft weniger, und dann kehrt das Leben langsam wieder zur normalen Helligkeit zurück.

Die geheimnisvollen Sonnenfinsternisse wurden schon immer mit Ehrfurcht betrachtet. Dieses Aquarell (oben) zeigt ein Gruppe Jesuiten 1688 beim Beobachten einer Sonnenfinsternis in Siam (heute Thailand).

Der Diamantringeffekt (gegenüber) erscheint kurz vor oder nach der totalen Sonnenfinsternis, wenn fast die gesamte Sonne hinter dem Mond verborgen ist. Die Korona ist ein schmaler, unglaublich heller Ring.

## Mondfinsternis

Eine Mondfinsternis ereignet sich, wenn sich die Erde zwischen Sonne und Mond schiebt und der durch die Sonne verursachte Schatten der Erde den Mond ganz oder teilweise verdeckt. Im Gegensatz zur Sonnenfinsternis ist die Mondfinsternis gewöhnlich überall auf der Welt zu sehen.

# Verschieden lange Tage

Die Sonnenblume hat ihren Namen, weil sie der Sonne und ihren leuchtenden Strahlen so ähnlich sieht. Ihr wissenschaftlicher Name ist *Helianthus* nach den griechischen Worten *helios – Sonne* und *anthos – Blume.* Die Sonnenblume stammt aus Mexiko und Peru, wo sie verehrt wurde. In den Tempeln der Azteken trugen die Priesterinnen Sonnenblumenkränze.

Pflanzen und Tiere werden darüber hinaus vom jährlichen Rhythmus der verschieden langen Tage beeinflusst. Am Äquator ist es das ganze Jahr über 12 Stunden lang hell und 12 Stunden lang dunkel, doch überall sonst folgt das Tageslicht einem regelmäßigen Veränderungsmuster. Auf der nördlichen Halbkugel werden die Tage im Herbst allmählich kürzer bis zum kürzesten Tag am 22. Dezember. Dann werden sie wieder länger bis zum längsten Tag am 22. Juni. Je weiter man sich vom Äquator entfernt, um so größer ist der Unterschied zwischen dem kürzesten und dem längsten Tag, bis zum äußersten Extrem in der Arktis und der Antarktis, wo es im Winter ständig dunkel und im Sommer immer hell ist.

Der Mechanismus, der die innere Uhr von Tieren und Pflanzen steuert, scheint die Dauer des Tageslichts zu sein. Die unterschiedliche Länge der Tage ermöglicht es den Tieren, ihre jährlichen Aktivitäten wie Brüten, Wanderschaft und Winterschlaf zu organisieren. Das Klima mag sich verändern – ein September ist wärmer als der andere; ein Frühling mag besonders kalt sein –, doch die Länge der Tage wird an den jeweiligen Orten jedes Jahr gleich bleiben. Diese Ordnung kann man nicht stören.

Wenn die Tage kürzer werden, wissen die Schwalben, dass es Zeit ist, sich auf die jährliche Wanderzeit in wärmere Klimazonen zu begeben. Für viele Kreaturen sind die längeren Tage im Frühling das Zeichen, mit der Paarung und dem Nestbau zu beginnen. Das Blühen der meisten Pflanzen wird

von der Anzahl der Tageslichtstunden ausgelöst. Dahlien und Chrysanthemen beginnen ihre Blüte, wenn die Tage kürzer werden – der Weihnachtsstern blüht erst, wenn das Tageslicht weniger als 12,5 Stunden dauert. Andere Pflanzen erblühen, wenn die Tage im Frühling länger werden. Spinatgemüse blüht zum Beispiel erst, wenn der Tag 13 Stunden dauert. Andere Pflanzen wie Sonnenblumen und Tomaten scheinen sich in ihrer Blüte jedoch nicht an der Tageslänge zu orientieren.

Ein Vorteil, die veränderte Tageslänge als Orientierung für Verhalten zu nutzen, besteht darin, dass die Pflanzen und Tiere ihre Aktivitäten synchronisieren können. In einem Gebiet bereiten sich alle Igel gleichzeitig auf die Paarung vor. Wenn Pflanzen einer bestimmten Gattung gemeinsam blühen, ist die Chance auf eine erfolgreiche Bestäubung größer. Durch diese Orientierung ist es Tieren und Pflanzen möglich, ihre Aktivitäten zu einem möglichst günstigen Zeitpunkt zu beginnen, damit die Jungen überleben und die Samen keimen.

Wenn das Licht wiederkehrt, beginnen Pflanzen und Tiere in den Polarregionen hektisch mit der Fortpflanzung, denn wenn die Dunkelheit wieder einsetzt, verfallen sie in Winterschlaf. In den Tropen besteht kaum das Bedürfnis für eine solche Planung, da die Bedingungen das ganze Jahr über günstig sind und Tiere und Pflanzen sich zu jeder Zeit paaren können.

Die dunkleren Tage im Herbst sind ein Zeichen für Vögel wie .die Kanadischen Wildgänse (unten), die lange Winterreise anzutreten. Kanadische Gänse verbringen die Sommermonate im nördlichen Amerika und in Europa, doch im Winter fliegen sie nach Süden in mildere Klimazonen.

# Das Wundermolekül

Wie können sich Organismen am Tageslicht orientieren? Bei den Pflanzen erkennen die Blätter die veränderte Lichtdauer und setzen chemische Prozesse in Gang, wodurch die Pflanze Blüten hervorbringt. Bei Wirbeltieren liegt das Geheimnis in der Zirbeldrüse im Gehirn – so genannt, weil sie einem Kiefernzapfen (Zirbel – Kiefer) ähnlich sieht.

Die Zirbeldrüse kann die jahreszeitlich bedingte Paarungszeit steuern, weil sie die einzigartige Fähigkeit hat, den einzigen verläßlichen Indikator für die Jahreszeit auszuwerten: die Anzahl von Stunden zwischen Morgen- und Abenddämmerung. Während Temperatur, Feuchtigkeit und Sonnenschein sich ohne Rücksicht auf die Jahreszeiten verändern, wird die Dauer der Nacht allein von der Erdumdrehung bestimmt. Man nimmt an, dass die Zirbeldrüse dazu die sichtbare Lichtfrequenz nutzt, doch das ist nicht bewiesen, und der Auslöser könnte auch zum elektromagnetischen Spektrum gehören (s. Seite 66). Die Zirbeldrüse reagiert auf Licht, um die Körperrhythmen zu regulieren und das Hormon Melatonin zu produzieren, das den Körper auf den Schlaf vorbereitet. Dunkelheit ist ein Signal für den Körper, mehr Melatonin zu produzieren – es senkt zum Beispiel den Herzschlag und die Aufmerksamkeit. Wenn das Licht am Morgen wieder das Auge trifft, hört die Melatoninproduktion auf. An den kurzen Tagen im Winter ist der Melatoninspiegel natürlich höher und deshalb haben wir weniger Energie.

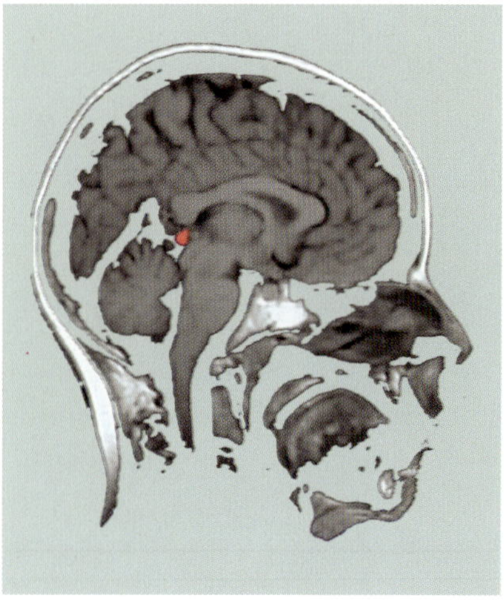

Die Zirbeldrüse (rosa Punkt oben) liegt zwischen den beiden Hälften des Hirns.

Die Illustration (gegenüber) aus einem Buch von René Descartes, das 1662 veröffentlicht wurde, zeigt, wie er sich die Zirbeldrüse (H) vorstellte. Er glaubte, dass die Bilder von den Augen auf die Zirbeldrüse übertragen würden und deren Reaktion dann die motorische Aktion bestimmte.

## Die Zirbeldrüse

Die Zirbeldrüse, die von vielen alten Zivilisationen „drittes Auge" genannt wurde, wurde von der Wissenschaft lange nicht beachtet. Doch jetzt weiß man, dass sie die wichtige Funktion eines natürlichen Lichtmessers ausübt. Sie steuert Körperfunktionen wie die Fortpflanzung, das Wachstum und die Stimmungen. Über das Hormon Melatonin, das viel mehr kann, als Schläfrigkeit hervorrufen, beeinflusst sie sogar die Lebensdauer.

Seit mehr als 30 Jahren interessiert sich Russel Reiter, der in seinem Labor im San-Antonio's-Health-Center an der

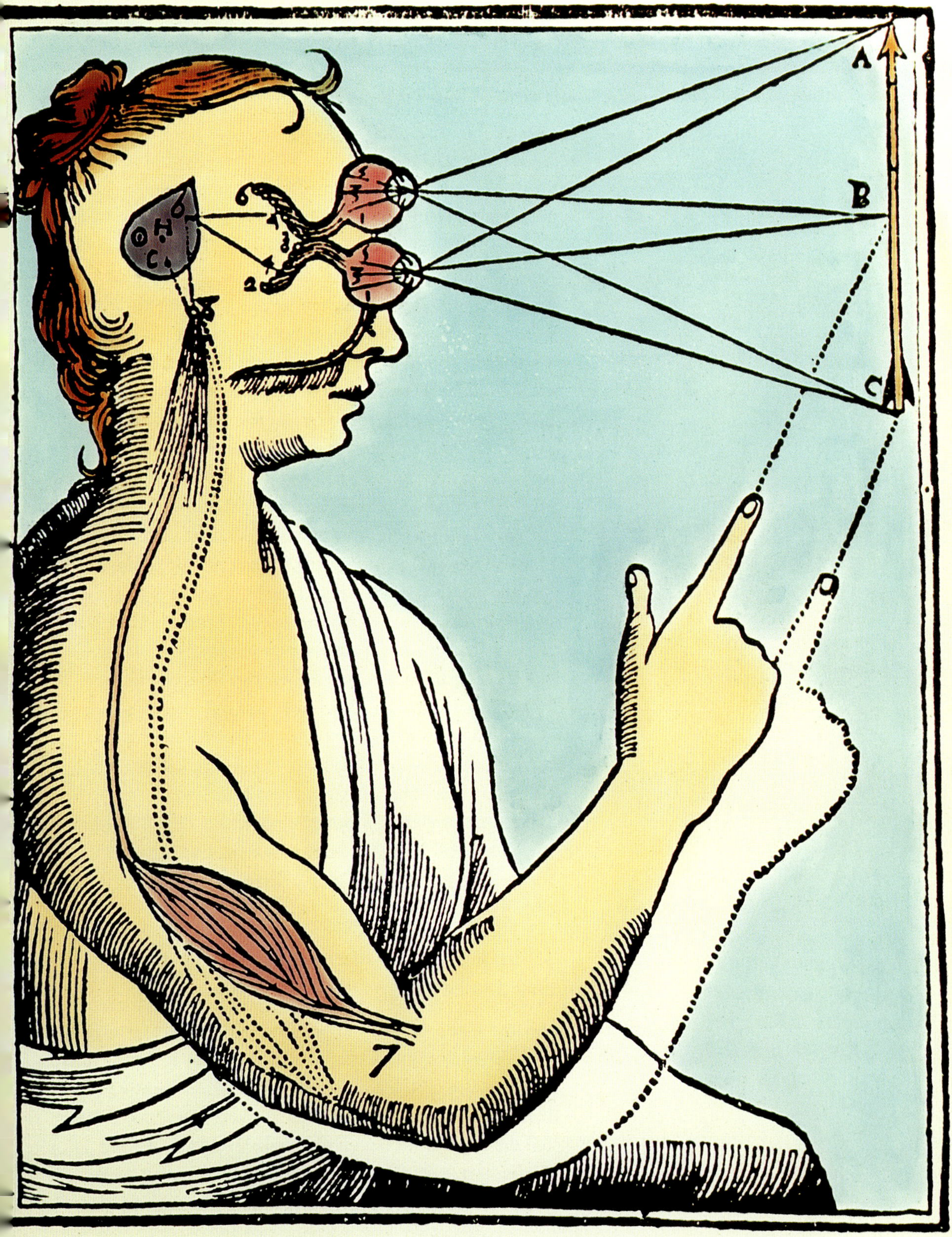
A
B
C
7

Universität von Texas arbeitet, für Melatonin und ist deshalb ein international anerkannter Experte. In den sechziger Jahren merkten Reiter und Roger Hoffman, welche Rolle Melatonin bei der Paarung von Tieren spielte, und plötzlich erschien die Zirbeldrüse auf physiologischen Karten. Um die Wirkung zu beweisen, führten sie ein Experiment mit männlichen Hamstern durch. Einer Gruppe entfernten sie die Zirbeldrüse – wobei diese Drüse nicht größer ist als der Punkt am Ende dieses Satzes. Nachdem die Tiere Monate in Dunkelheit verbracht hatten, waren die Hoden der Gruppe, der die Zirbeldrüse entfernt worden war, normal groß geblieben, während sie bei der Kontrollgruppe deutlich geschrumpft waren – sie hatten auf den Lichtmangel reagiert.

Obwohl Melatonin nur nachts produziert wird, haben mindestens vier Studien gezeigt, dass es für die optimale Produktion von Melatonin notwendig ist, sich täglich der Sonne auszusetzen. Das Prämenstruelle Syndrom (PMS) ist nur eines von vielen, das mit einem niedrigen Melatoninspiegel in Verbindung gebracht wird. In ihrer Studie fand Barbara Parra von der Universität von Kalifornien in San Diego heraus, dass Frauen mit PMS, die sich zwei Stunden lang in hellem künstlichen Licht aufhielten, nachts mehr Melatonin produzierten und über deutlich weniger Symptome klagten. Erstaunlicherweise sagt der 2000 Jahre alte chinesische Text *Tao Tsang* dasselbe: „Das Schauen ins Sonnenlicht nützt dem Gehirn, denn es wird angeregt, lebenswichtige Essenzen abzusondern."

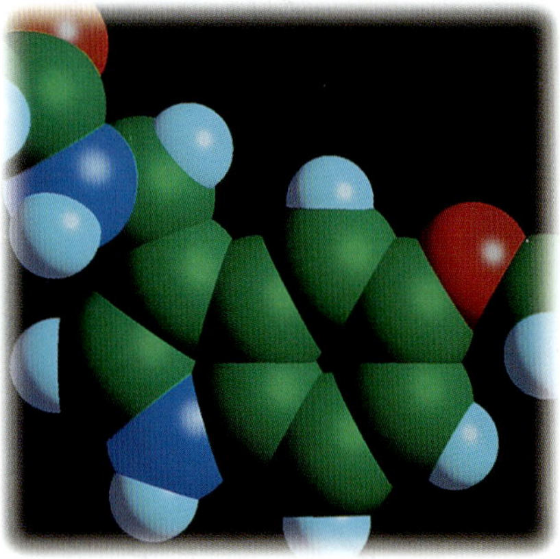

Melatonin, oben abgebildet als Molekularmodell, ist das Hormon, das Körperrhythmen wie Schlafen und Wachen und möglicherweise auch die Fortpflanzung steuert. Es ist ein starkes Antioxydans und schützt den Körper vor schädlichen freien Radikalen.

## Schlüssel für die Kreisläufe des Lichts und des Lebens

Melatonin scheint also der Schlüssel für die wichtigen Kreisläufe des Lichts und des Lebens zu sein. Warum? Die Zirbeldrüse ist durch Nerven mit einem Teil des Gehirns genau über dem Chiasma Opticum verbunden, dem Punkt, an dem sich die optischen Nerven bei ihrem Weg zum visuellen Cortex, wo die Informationen aus den Augen verarbeitet werden, am Hinterkopf kreuzen. Dieser Suprachiasmatische

Nukleus (SCN) nimmt die optischen Signale auf und sendet sie direkt zur tief im Hirn liegenden Zirbeldrüse. (Der SCN kann durch Glutamat geschädigt werden, das oft in Nahrungsmittelzusätzen enthalten ist.)

Helles Licht bei Nacht senkt die Melatoninkonzentration deutlich. Dies wurde 1980 von Alfred Lewy von der Oregon-Health-Sciences-Universität, einem führenden Wissenschaftler auf dem Gebiet der Lichttherapie, bewiesen.

Als Molekül ist Melatonin täuschend einfach aufgebaut, doch es hat eine doppelte Funktion. Außer, dass es den Schlaf-Wach-Zyklus reguliert, agiert es als starkes Antioxydans, als Jäger von Freien Radikalen, und sammelt überflüssige Elektronen von den Körpergeweben. Freie Radikale sind der Hauptgrund für Zellschädigungen, weil freie Elektronen verzweifelt versuchen, sich irgendwo anzukoppeln, wobei sie die zellulären Prozesse stark stören. Der Zusammenhang von Körperalterung und Freien Radikalen steht heute fest, und 1995 wurde der Wissenschaftler Denham Harman für seine Arbeit auf diesem Gebiet für den Nobelpreis vorgeschlagen.

Dieses stark vergrößerte Fotomikrograf zeigt die Schwester des Hormons Melatonin, Serotonin, das der Körper tagsüber produziert. Der Körper nutzt Serotonin zur Herstellung von Melatonin. Außerdem dient es als Neurotransmitter und transportiert Nervenimpulse über die winzige Distanz zwischen Nervenzelle und Empfängerzelle.

## Freie Radikale

Eine der überzeugendsten Demonstrationen hinsichtlich der Wirkung von Freien Radikalen auf die Lebensdauer lieferte Rajindar Sohal an der Southern-Methodist-Universität von Dallas. Er benutzte für sein Experiment zwei Gruppen Hausfliegen – die Fliegen der ersten Gruppe waren normal, die der zweiten hatten keine Flügel. Die normalen Fliegen, die fliegen konnten, lebten maximal 28 Tage. Doch die flügellosen Fliegen, die nur krabbeln konnten, lebten erstaunlicherweise 65 Tage, mehr als zweimal so lang! Weil die flügellosen Fliegen weniger Sauerstoff aufnahmen, bildeten sich weniger auf Sauerstoff basierende Freie Radikale. Dies schützte die lebenswichtigen Zellen.

Die beiden natürlichen Antioxydantien in unserem Körper sind Katalase und Superoxyd Dismutase. Die Küchenschabe, die selbst in Atomreaktoren gegen Strahlung resistent ist, verfügt über unglaubliche Mengen dieser beiden Enzyme.

Wie wird Melatonin im Körper gebildet? Merkwürdigerweise entsteht es durch bestimmte Enzyme seines Schwestermoleküls Serotonin, eines Hormons, das tagsüber synthetisiert wird und dessen Konzentration sich durch Licht erhöht. Der erste Schritt in der komplizierten Synthese ist Tryptophan, eine Aminosäure, die mit der Nahrung aufgenommen wird. Hydroxylase-Enzyme nutzen Sauerstoff und Eisen, um es in 5-Hydroxytryptophan zu verwandeln. Dies wird wiederum vom Dopa-Dekarboxylase-Enzym – das eine Phosphor enthaltende Chemikalie braucht, um wirksam zu werden – in Serotonin (5-Hydroxytryptamin) umgebaut.

Doch das ist noch nicht alles: Serotonin wird danach durch das acetylisierende Enzym HIOMT (Hydroxyindol-O-methyl-Transferase), das Kalzium braucht, um aktiv zu werden, in N-Acetylserotonin umgewandelt. So wird Melatonin letztlich durch Licht und aufgeladenes Kalzium produziert.

Serotonin ist ein Neurotransmitter, dessen Aktivität durch Antidepressiva verstärkt wird. Eine 1992 veröffentlichte Studie zeigte, dass Lichttherapie den Serotoninspiegel bei Gesunden und bei Depressiven steigerte, wobei die Konzentration bei den Depressiven deutlich höher lag. Die Heilung einer Depression könnte also ganz natürlich durch den Aufenthalt in der Sonne gefördert werden. Menschen, die viel Zeit draußen verbringen, haben laut Dr. Rachelle Espiritua, einer Lichtforscherin aus San Diego, Kalifornien, weniger depressive Symptome.

## Schützen Sie Ihr Melatonin!

Melatonin ist wertvoll, wenn Sie gut schlafen und lange glücklich leben wollen. Eine Reihe allgemein zugänglicher Stoffe kann Ihren Melatoninvorrat jedoch erschöpfen und sollte vermieden werden. Darunter fällt Koffein, Alkohol und Tabak. Denken Sie daran, dass grüner Tee im Gegensatz zu Kräutertee ebenfalls viel Koffein enthält. Schokolade, besonders die dunkle mit einem hohen Prozentsatz Kakao, verbraucht Melatonin. Sie enthält etwa 31 mg Koffein in 45 g, während in Milchschokolade nur 9 mg enthalten sind.

Ein Bauer erntet seine duftenden Lavendelblüten im Sonnenschein der Provence (rechts). Wenn Sie Ihren Melatoninspiegel hoch halten wollen, sollten Sie sich oft draußen aufhalten.

Der Verzehr von Nahrungsmitteln, die viel von der Aminosäure Tryptophan enthalten, kann die Produktion von Serotonin, das in Melatonin umgewandelt wird, unterstützen. Käse, Eier, Milch, Geflügel (besonders Truthahn) und Thunfisch enthalten viel Tryptophan.

Andere Substanzen, die Melatonin erschöpfen, sind die NSAR (nicht-steroide Antirheumatika), die entzündungshemmend und schmerzlindernd wirken. Darunter fallen Aspirin, Ibuprofen und Indomethacin. Freiwillige, die abends nur eine Dosis Aspirin oder Ibuprofen einnahmen, verloren 75 Prozent ihres Melatonins. Indomethacin wirkte noch stärker, da es die Melatonin-Synthese komplett blockierte. Da Melatonin einen zu hohen Blutdruck senkt, wird angenommen, dass die NSAR durch ihre Wirkung auf die Melatoninproduktion den Blutdruck erhöhen und Blutdruck senkende Mittel abschwächen. Neue Forschungen haben ergeben, dass NSARs innere Organe schädigen können.

NSARs werden von Menschen, die an Arthritis leiden und sich in mittlerem oder fortgeschrittenen Alter befinden, so häufig benutzt, und Arthritis ist eine so verbreitete Krankheit, dass eine Alternative geschaffen werden muss, wenn man diese Patienten vor den ungünstigen Wirkungen von NSAR warnt. Bill Sahley vom Schmerz- und Stresszentrum in San Antonio rät, neben den Medikamenten Melatonin einzunehmen. Er behauptet, dass diese Patienten wesentlich seltener über Schmerzen klagen. Beraten Sie sich mit Ihrem Arzt, wenn Sie diese Medikamente nehmen und schlecht schlafen.

Betablocker sind für Herzkranke eine große Erleichterung, doch auch sie stören die Produktion von Melatonin. Betablocker wirken, indem sie die Aktion der beta-adrenergischen Rezeptoren der Herzzellen blockieren, wodurch das Herz weniger stark pumpt. Doch sie wirken auch auf die beta-adrenergischen Zellen in der Zirbeldrüse. Hier könnte man mit einer zusätzlichen Einnahme von Melatonin gegensteuern. Auch die neue Generation der Kalzium-Antagonisten (wie z. B. Bepridil, Diltiazem, Nicardipin und Verapamil) blockiert Melatonin. Sprechen Sie mit Ihrem Arzt, ob Sie zusätzlich Melatonin einnehmen sollen.

Weitere Substanzen, die Melatonin senken, sind Psychopharmaka wie Valium, das bekanntermaßen Schlaflosigkeit verursacht, und hohe Dosen Vitamin B 12, das gegen Stress und zur Steigerung der Energie genommen wird. Ich nannte

Alkohol bereits als Melatoninblockade, doch wenn man sehr spät abends Alkohol trinkt, kann dies paradoxerweise die Produktion des Hormons steigern. In der 1994 in der Zeitschrift Sleep Research publizierten Studie von Badia, Murphy und anderen Kollegen zeigten 15 von 18 Testpersonen, die um 23.00 Uhr Alkohol tranken, in den nächsten drei Stunden signifikant höhere Melatoninwerte. Vielleicht ist der „Schlummertrunk" doch keine so schlechte Idee.

In einigen Ländern ist Melatonin verschreibungspflichtig. Auf Flughäfen und in den USA ist es immer noch frei erhältlich und relativ preiswert, und ich weiß von keinem Verbot, es auch zu kaufen. Sie können statt dessen aber auch Johanniskraut (Hyperikum) nehmen, das Melatonin bekannterweise anregt und seit Tausenden von Jahren als Antidepressivum gebraucht wird.

## Die Wirkung von Sonnenlicht

Es gibt noch immer viele Geheimnisse über die therapeutische Wirkung des Sonnenlichts. Wir wissen, dass es einen Strahlencocktail enthält, von dem einige, wenn nicht alle, wichtig sind für die Fotosynthese von Sauerstoff. Die Cyanobakterien, die zu den simpelsten Lebensformen gehören, brauchen nicht viel, um die Fotosynthese zu vollziehen. Sie nutzen die Elektronen von Wasser und Kohlendioxyd, fügen ein bißchen Licht dazu und verwandeln die Elemente auf der linken Seite der Formel in Sauerstoff und auf der rechten in Kohlenhydrate.

Diese einfache Reaktion machte das aerobe Leben auf der Erde möglich. Später verfeinerten die Chloroplasten, spezielle Organellen in Pflanzen, diesen Prozess, wobei das Nebenprodukt Zucker abfiel. Die Elektronen im Chlorophyll werden angeregt – sie beziehen Energie aus dem Licht – entweder durch Wärme und Licht (thermisch), durch einen Energietransfer aufgrund von Resonanz (nicht thermisch) oder durch Elektronentransfer. Heute kann die Wissenschaft nicht mehr nachvollziehen, warum Resonanzeffekte exakte biologische Informationen übermitteln. Bei einem auf

Die Forschung entdeckt laufend neue Vorteile von Melatonin. Es soll lindernd wirken auf: AIDS, Altersflecken, Alterung, Alzheimer, Arteriosklerose, Asthma, Menstruationsstörungen, Brustkrebs, chronische Schmerzen, Depression, Diabetes, Epilepsie, Gehirntumoren, Geschwüre, Herzanfälle, Impotenz, Jetlag, Magenkrebs, Manische Depression, Melanom, Parkinson, plötzlicher Kindstod, Rheumatische Arthritis, Schlaflosigkeit, Schlaganfall, Stress, Thrombose, Winterdepression.

Resonanz beruhenden Energietransfer wird das Elektron selbst nicht ausgetauscht, sondern nur seine Schwingung, und diese Schwingungen hängen wie bei Radiowellen von Frequenzen und Amplituden ab.

Chlorophyll ist ein einem Tennisschläger ähnliches Molekül: Ein Porphyrin-Ring mit einem langen Schwanz umschließt ein Magnesium-Atom. Die in dieser Struktur erregten Elektronen werden in einer fotochemischen Reaktion an das Fotosystem II weitergegeben, wo sie ähnlich der ATP-Produktion in den Mitochondrien transportiert werden, nur dass der Prozess genau umgekehrt verläuft. So können Pflanzen ATP produzieren, was sie für die Produktion von Kohlenstoff aus Wasser und Kohlendioxid brauchen.

Nicht die sichtbaren Lichtfrequenzen liefern den Pflanzen die notwendige Energie; sie kann sogar über einen Kupferdraht übermittelt werden. T. Galen Hieronymus, ein junger Ingenieur der Kansas City Light and Power Company, machte 1930 ein unglaubliches Experiment. Er legte eine Metallplatte auf ein besonntes Dach, verband diese mit einem Kupferdraht und führte den Draht in den Keller. Er verband ihn mit einer in Aluminium eingefaßten Saatkiste, die er durch Wasserrohre erdete. Andere Saatkisten (der Kontrollgruppe) verband er nicht. In den verdrahteten Kisten wuchsen die Samen zu grünen, kräftigen Pflanzen, während sie in den anderen Boxen bleich verkümmerten. Galen schloss daraus, dass es nicht das Sonnenlicht sein könne, das die Entwicklung von Chlorophyll in Pflanzen verursache, sondern eine Energie, die im Gegensatz zu Licht durch einen Draht übertragbar sei.

Die meisten Menschen arbeiten in Zimmern. Obwohl die Arbeit in vielen modernen Bürohäusern (gegenüber) dank der großen Glasfronten tagsüber bei natürlichem Licht geleistet wird, werden Büros in der Dämmerung oder nachts meist mit Neonröhren beleuchtet. Die Forschung hat gezeigt, dass Neonlicht bei einigen Menschen gesundheitliche Probleme hervorrufen kann und dass es eine höhere Konzentration von elektromagnetischen Feldern erzeugt als andere Lichtquellen.

# Dunkle Tage

Auch Menschen brauchen die Energie des Sonnenlichts. Für manche wirken sich die kurzen Wintertage schlimm aus und verursachen eine depressive Verstimmung: die saisonale Depression (SAD) oder Winterdepression. Nachts macht uns das vom Körper produzierte Melatonin schläfrig. Wenn wir morgens Licht sehen, stoppt die Melatoninproduktion. Doch für bestimmte Menschen reicht das Licht an trüben Wintertagen nicht aus, um dieses Aufwachen anzuregen; sie leiden an Sonnenlichtentzug. Wenn sie sich tagsüber so lange wie möglich hellem Licht aussetzen, können sie den Melatoninspiegel erniedrigen.

Experten empfehlen bei SAD die goldene Schlafregel: aufwachen, aufstehen und helles Licht anmachen. Dadurch wird der Zirkadian-Rhythmus auf Sommer umgestellt und erstaunlicherweise die Winterdepression gelindert. Sie sollten der alten griechischen Maxime folgen, um sich zu verstehen: Manche von uns sind „Morgenmenschen" und sollten versuchen, die wichtigsten Aufgaben des Tages morgens zu erledigen. Für extreme Fälle von SAD wurde ein sehr helles Lichttherapiegerät entwickelt (siehe Seiten 108–110). Die Patienten sitzen jeden Tag kurze Zeit davor. Außerdem gibt es einen Wecker, der den Raum allmählich erhellt, um die Morgendämmerung zu simulieren. Auch dies kann eine Hilfe sein.

Am Abend ist die Winterdepression am schlimmsten. Sie sollten wenigstens eine Stunde nach dem Essen mit einer aktiven, aber nicht anstrengenden Tätigkeit ausfüllen. Achten Sie darauf, nicht mehr als sonst zu essen. Wir alle nehmen im Winter zu, denn die Fettschicht schützt gegen Kälte. Doch Menschen, die an SAD leiden, neigen zu Übergewicht. Auch regelmäßige Bewegung an der frischen Luft wie Spazierengehen wird wärmstens gegen SAD empfohlen.

Bei Menschen auf der nördlichen Halbkugel ist die Winterdepression gewöhnlich im Februar am schlimmsten; auf der südlichen Halbkugel ist der Juli kritisch. Fahren Sie in diesen Monaten in Urlaub, doch sehen Sie darin kein Universalheilmittel, da der graue Himmel bei Ihrer Rückkehr den ursprünglichen Zustand rasch wieder auslösen kann. Es ist besser, wenn Sie regelmäßig Ihre Ration Sonne oder Licht tanken. Gehen Sie wenigstens einmal täglich für zehn Minuten oder länger nach draußen. Wenn ein hellhäutiger Mensch 30 Minuten im Tageslicht verbringt, kann er die Vitamin-D-Ration für einen Tag generieren.

Niemand mag die langweiligen trüben Wintertage, doch einige Menschen reagieren empfindlicher auf den Lichtverlust. Sie leiden an saisonaler Depression (SAD) und sollten so viel Zeit wie möglich draußen verbringen. Selbst zehn Minuten täglich können den Zustand lindern.

# Das Mondlicht

Fledermäuse mit ihrem ausgezeichneten Gehör und ihrer Fähigkeit, sich nach dem Echo zu orientieren, gehören zu den nachtaktiven Tieren – sie jagen lieber bei Mond- als bei Sonnenlicht.

Cleopatra mag ihren Sohn Ptolemy Helios nach dem griechischen Wort *Helios* für Sonne genannt haben, doch ihre Tochter hieß Ptolemy Selene – Mondkind – nach der zweitstärksten Lichtquelle am Himmel. Die Wirkung von Mondlicht auf die Menschen ist geschichtlich genauso gut belegt wie die des Sonnenlichts. Das Wort „lunatic" (engl. verrückt) stammt von der Unruhe, die fast jeder bei Vollmond empfindet. Dies ist kein Ammenmärchen – die Astrophysik kann dieses Phänomen ganz einfach erklären.

Der Mond ist dann voll, wenn er sich auf der sonnenfernen Seite der Erde befindet. Dann steht er der Erde am nächsten und wird von deren Anziehungskraft nach innen gedrängt. Aus diesem Grund drückt der Mond die Ionosphäre, die wie ein feiner Mantel die Erdatmosphäre umhüllt, leicht gegen die Erde. Die Ionosphäre ist, wie der Name sagt, eine Schicht aus aufgeladener Luft und Partikeln, die die Erde etwa in120 Kilometern Höhe umhüllt. Die Unterseite der Ionosphäre ist positiv geladen.

Die positiven Ionen der Ionosphäre mischen sich mit den Ionen nahe der negativ geladenen Erdoberfläche, wodurch die Ladung des Mischungsverhältnisses positiver wird. Wir atmen diese veränderte Mischung ein, und sie dringt in unsere Blutbahnen. Diese physikalische Veränderung wirkt sich auf den Körper aus: Die Blutzellen sind normalerweise – wie Arterien und Venen – negativ geladen. Dadurch wird ein leichter Fluss gewährleistet, da sich gleiche Ladung abstößt. Wenn die Mischung aufgrund des Mondes positiver wird, wird das Blut „dicker" und weniger reich an Sauerstoff, was psychischen Stress hervorruft. Gleichzeitig werden die weißen Blutzellen, die genauso empfindlich auf die elektrische Ladung reagieren, ungünstig beeinflusst.

## Mondzyklen

In psychiatrischen Krankenhäusern lernt jede Schwester, dass sich die Persönlichkeit der Patienten bei Vollmond ändern kann. Die positiven Ionen können eine Überproduktion von Serotonin hervorrufen, einem Stresshormon, das Schlaflosigkeit bewirkt. Der Arzt und Pionier bei der Erforschung des biologischen Magnetismus, Robert Becker, fand mit seinen Kollegen heraus, dass zwischen 1957 und 1961 durch die veränderte elektrische Ladung der Luft bei Vollmond signifikant mehr Menschen in psychiatrische Kliniken eingeliefert wurden. Der Gedanke des „gefährlichen Mondlichts" ist wahrer als die Romantiker annahmen. Die Legenden von Vampiren und Werwölfen gewinnen im Licht dieser wissenschaftlichen Entdeckung eine neue Bedeutung.

Die Mondenergie mag feiner wirken als die Sonne, doch für Seeleute und Bauern ist sie genauso voraussagbar. Das Einsäen bei Neumond soll das Wachstum steigern. Es scheint, als sei die Sonne nicht immer das Beste für die Gesundheit eines Keims. Das mag daher rühren, dass sich Sonnenlicht aus den verschiedensten Strahlen zusammensetzt und unter anderem ultraviolette und radioaktive Substanzen enthält, die Mutationen hervorrufen können.

Beeinflusst der Mond das Wachstum? Die Legende, die das behauptet, ist sehr alt. Claudius Ptolemy schrieb vor 2000 Jahren: „... (Bauern) achten darauf, wie der Mond steht, wenn er voll ist, um ihre Herden zur Paarung anzuhalten und die Saat auszubringen; niemand würde diese Vorsichtsmaßnahmen für unmöglich oder unnötig halten" (Tetrabiblos, Kapitel III).

1982 bewiesen der Psychologe Simon Best und der Ökologe Nick Kollerstrom wissenschaftlich, dass sich die Mondphasen auf die Entwicklung von Pflanzen auswirken: Alles, was wachsen oder sich entwickeln muss, soll bei zunehmendem Mond gepflanzt werden, alles, was dagegen getrocknet oder gedörrt werden soll, gedeiht besser bei abnehmendem Mond. Plinius der Ältere empfahl, alles, was frisch gegessen werden sollte, bei Vollmond zu ernten und alles, was trocknen sollte, bis Neumond draußen zu lassen. Der Lichtrhythmus der Sonne ist nicht der einzige, der sich auf das Leben auf der Erde auswirkt.

Bei Vollmond, wenn der Mond am weitesten von der Sonne entfernt ist, wird die Ionosphäre, der obere Teil der Atmosphäre, gegen die Erde „gepresst". Dadurch wird die Luft mit positiven Ionen aufgeladen. Der Kreislauf der Lebewesen auf der Erde verlangsamt sich und sie werden aggressiver und aufgeregter.

Bei Neumond, wenn der Mond der Sonne am nächsten steht, dehnt sich die Ionosphäre und dadurch sinkt die Anzahl positiver Ionen auf der Erde. Dies verstärkt das Wachstum der Pflanzen und unterstützt den Kreislauf und die Lebenskraft der Tiere.

# Die Beschaffenheit des Lichts

Die Geschichte der wissenschaftlichen Erforschung der Beschaffenheit des Lichts gleicht einem vorzüglichen Kriminalroman. Jahrhundertelang gab es hitzige Diskussionen darüber, was Licht wirklich sei – wobei sich die Debatten hauptsächlich darauf konzentrierten, ob es aus Wellen oder Partikeln oder aus beidem bestünde. Und ganz nebenbei entdeckten wir, dass die Energie des Lichts ganz immense Auswirkungen – nützliche und gefährliche – auf unser Alltagsleben hat.

Was meinen wir mit Licht? Die meisten von uns denken bei Licht an die von unseren Augen wahrnehmbare Beleuchtung unserer Umwelt – ganz gleich, ob es sich dabei um die Sonne, elektrisches Licht oder eine Kerze handelt. Doch sichtbares Licht ist nur ein winziger Teil des gewaltigen elektromagnetischen Energiespektrums, das unser Universum durchdringt. Dieses Spektrum reicht von den unfassbar energiegeladenen Gammastrahlen über ultraviolettes, sichtbares Licht bis zu der niederfrequenten Energie, mit der wir unsere Häuser, Fabriken und Büros betreiben.

Wenn wir Licht von anderen Teilen des elektromagnetischen Spektrums trennen, gehen wir natürlich von der körperlichen Wahrnehmung aus. In der Physik sind sichtbare Lichtfrequenzen nur ein Teil eines Kontinuums und werden mit derselben Formel beschrieben. Wir können Licht nur deshalb sehen, weil wir Sensoren entwickelt haben, die wir Augen nennen.

Doch was ist dieses Licht, das wir sehen? Wir sehen es als Strahlen, Spiegelungen oder Brechungen, die unsere Welt mit einer wundervollen Vielfalt von Farben und Formen erfüllen. Meist stammt das Licht von der Sonne, doch unabhängig von der Quelle ist jedes Licht reine Energie. Dieses Kapitel erklärt die wichtigsten Eigenschaften des Lichts. Nutzen Sie das Wissen als Sprungbrett, um die Heilungsprozesse, die in den Kapiteln vier und fünf beschrieben sind, zu verstehen.

# Ein hauchzarter Partikelfilm

Das kristallklare Licht, in dem die griechischen Inseln baden (gegenüber), nährt den Gedanken, dass Aristoteles Recht hatte – Licht könnte sehr wohl ein psychischer Aspekt der Wahrnehmung sein.

Seit undenkbaren Zeiten kämpften die Menschen darum, die physikalische Natur des Mysteriums zu verstehen, das uns sehen lässt. Obwohl die ältesten Ideen viele tausend Jahre alt sind, sind sie erstaunlich präzise, während andere höchst erstaunliche Thesen erst in diesem Jahrhundert aufkamen.

Heute besteht die alte, am Meer gelegene Stadt Abdera an der Küste Thraciens nur noch aus Ruinen. Sie ist die Wiege griechischen Denkens, denn hier befaßten sich die beiden großen Philosophen Democritus und sein Lehrer Leucippus gegen Ende des fünften Jahrhunderts v. Chr. zuerst mit der innersten Natur des Lichts. Sie entwickelten die Idee, dass Materie aus Atomen (von griechisch *atomos – unteilbar*) und leerem Raum bestehe.

Die Schriften des Leucippus sind verschollen, und es gibt nur wenige Fragmente der Schriften Democritus'. Doch ihre Idee überdauerte Jahrtausende: Für diese beiden Atomisten war das Sehen das Aufnehmen eines hauchzarten physischen Partikelfilms.

Der griechische Philosoph Aristoteles, Sohn eines Arztes, ging die Wissenschaft biologisch an, getrieben von der brennenden Neugier, das Leben zu verstehen. Er verwarf den Atomismus des Democritus und behauptete, Licht sei viel mehr der psychische Aspekt der Wahrnehmung. Der römische Philosoph Lucretius versuchte im ersten Jahrhundert v. Chr. das Konzept einzuführen, Licht sei ein physisches Gewebe aus Partikeln, welches die Objekte selbst abgeben, doch gegen den Ruf von Aristoteles kam er nicht an.

Die Abhandlungen, die Aristoteles zugeschrieben werden, behandeln viele Themen – Pflanzen, die Bewegung der Tiere, die Gravitation und die Herrschaft der Physik über das Universum (ein Bestseller um 300 v. Chr.). Viele seiner Ideen beherrschten das Denken bis in die Zeiten der Römer und ins Mittelalter. Erst mit der Renaissance wurden seine Theorien in Frage gestellt und galten schließlich als überholt.

# Die Brechung weißen Lichts

Der französische Philosoph und Wissenschaftler René Descartes entdeckte 1637, dass gewöhnliches Licht die sieben Farben des Regenbogens (und viele mehr) enthielt. Der englische Mathematiker und Naturphilosoph Isaac Newton, der das Tageslicht, was ihn berühmt machen sollte, an Weihnachten 1642 in Woolsthorpe in Ostengland erblickte, forschte weiter. Er lenkte weißes Tageslicht durch Glasprismen in ein verdunkeltes Zimmer, wo es sich in die Farben des Spektrums aufspaltete. Newton enthüllte, dass weißes Sonnenlicht ein Kompendium von Farben sei.

Die bahnbrechenden optischen Forschungen Newtons verdanken wir der Großen Pest. Wegen der Pest wurde die Universität von Cambrigde 1665 geschlossen, und Newton zog sich gezwungenermaßen zwei Jahre lang auf den Bauernhof seiner Mutter zurück. Seine Arbeit hob sich deshalb ab, weil er neue Territorien erschloss, indem er Bereiche außerhalb unserer Sinne oder Wahrnehmungen erforschte. Zwischen 1665 und 1667 entwickelte er die mathematische Technik des Infinitesimalkalküls und führte die meisten Arbeiten über die Eigenschaften des Lichts aus. Er fand darüber hinaus Zeit, die Grundlage für die universelle Mechanik zu legen, in der er die irdische Wissenschaft Galileis mit der Planetentheorie des deutschen Astronomen Johannes Kepler zusammenbrachte.

Wie viele Wissenschaftler vor und nach ihm (z. B. Edward Jenner, William Harvey, Galilei und, in aller Demut, auch ich) erlebte Newton, dass seine erste wissenschaftliche Theorie, die er der Royal Society in London präsentierte, zwiespältig aufgenommen wurde. Die lauwarme Kenntnisnahme bewirkte, dass er seine Forschungen so lange zurückhielt, bis sie gediegene Thesen geworden waren. Er hielt auch die Veröffentlichung seiner Arbeit über das Licht, *The Opticks,* das er 1666 schrieb, bis 1704 zurück. So lag das Dokument, das unser Verständnis von den Eigenschaften des Lichts für immer veränderte, vierzig Jahre lang herum. Bis dahin hatte der 62 Jahre alte Newton seine wissenschaftlichen Studien praktisch aufgegeben und engagierte sich politisch als Mitglied des

Parlaments in Cambridge. Wie vor ihm Descartes sah Newton das Licht als Strom von Partikeln oder Teilchen, die sich in geraden Bahnen extrem schnell fortbewegten und keinen Schatten warfen. Er benutzte zwei Prismen gleichzeitig und konnte klar zeigen, durch welche unterschiedlichen Brechungswinkel die einzelnen Farben entstanden. Er meinte, unterschiedliche Lichtgeschwindigkeiten bestimmten die Ordnung der Farbbrechung, während Descartes glaubte, dies geschehe aufgrund ihrer Drehung. Keiner von beiden hatte Recht.

Die beste Erklärung lieferte der niederländische Physiker Christiaan Huygens, der die erste Pendeluhr konstruierte. Er stellte 1678 die Theorie vor, dass Licht aus Wellen bestünde, die in einem „Licht spendenden Äther" schwängen, und dass Farben mit unterschiedlichen Frequenzen und verschiedenen Wellenlängen vibrierten. 1746 entwickelte der Schweizer Mathematiker Leonhard Euler die Formel für diese neue Wellentheorie.

Eine der wichtigsten Erkenntnisse war, dass die Farben nicht in der Mitte des Prismas, sondern an dessen Grenzen entstanden – dort, wo das Glas des Prismas auf die umgebende Luft traf. Genauso entstehen die Farben des Regenbogens, wenn Sonnenlicht auf die Außenseite der Regentropfen fällt.

Die bezaubernden Farben des Regenbogens entstehen, wenn Sonnenlicht in einem Winkel von 42 Grad auf Regentropfen zwischen 0.01 und 4 mm Durchmesser trifft (oben und nächste Seite).

## Regenbogen

Der Regenbogen hat die Menschen schon immer erfreut und verwirrt, bot sich mit ihm doch die wiederkehrende Herausforderung, dies charmante Rätsel des Himmels zu enthüllen. Der Bogen in regenschweren Wolken war für die gefallenen Helden der Nordländer die mythologische Brücke ins Jenseits. Für die alten Griechen war der Regenbogen Iris, die Götterbotin.

Unter jenen, die die Herausforderung annahmen, findet vielleicht der Dominikanermönch Theodoric, der um 1250 in Freiburg geboren wurde und später in Paris studierte, den meisten Anklang. Wie Newton nach ihm zögerte auch Theo-

doric, seine Forschungsergebnisse zu veröffentlichen, weil der Orden seine Mitglieder nicht gerade ermutigte, ihrem Privatvergnügen nachzugehen.

Theodorics unabhängiger Geist machte ihn äußerst kritisch gegenüber seinen eigenen Thesen und denen anderer. Vielleicht ist sein Hauptwerk *De Iride* (Über den Regenbogen), das 1311 fertiggestellt wurde, deshalb so bemerkenswert, weil er versuchte, jede These durch einen empirischen Test zu erhärten, ganz gleich, ob diese von ihm oder jemand anderem stammte. Die beiden großen Fragen, die er stellte waren: Erstens, wie entstehen die Farben des Regenbogens, und zweitens, warum ist die Form und Anordnung der Farben immer gleich?

Die meisten früheren Kommentatoren hatten gedacht, die Farben seien wirklich dort, geschaffen durch die Interaktion von Sonnenlicht und Regentropfen. Theodorics Erklärung war sehr kompliziert und völlig falsch! Er hatte keine Idee von der Vorstellung, dass Licht ein kontinuierliches Spektrum der Frequenzen ist, sondern glaubte an vier verschiedene Farben – Rot, Gelb, Grün und Blau. Rot sei am klarsten und befände sich deshalb an der Oberfläche des Wassertropfens, während blau und grün den tiefsten Schichten entstammten. Theodoric fand jedoch heraus, dass Farben aufgrund verschiedener Lichtbrechungen entstehen.

René Descartes übernahm die Herausforderung, und seine 1637 vorgelegte Arbeit ist der Theodorics, den er nicht einmal erwähnte, täuschend ähnlich. Descartes machte eine wichtige Entdeckung: Die höchste Erhebung des Bogens misst 42 Grad. Stellen Sie sich vor, Sie beobachten einen Wolkenbruch, der von parallel auftreffendem hellen Sonnenlicht angestrahlt wird. Während die Regentropfen (jeder nicht dicker als 4 mm im Durchmesser) in einem Winkel von 42 Grad zum Beobachter niederfallen, bricht das weiße Licht der Sonne in den Tropfen und die Farben werden sichtbar – von Rot bis Violett: Der Regenbogen erscheint.

# Wellen und Elektromagnetismus

Schließlich bewies der englische Physiker Thomas Young 1803 in einem der berühmtesten Experimente der Physikgeschichte, dass sich Licht wie eine Welle verhält. Dies veränderte die Sichtweise der Wissenschaftler über die Natur des Lichts.

Youngs Experiment war einfach: Er schickte einen Lichtstrahl durch zwei parallele vertikale Schlitze auf ein Blatt Papier, wodurch ein Muster aus sich abwechselnden hellen und dunklen Bändern entstand. Er erkannte, dass diese sich abwechselnden Bänder nur durch Interferenzen zwischen Wellen verursacht werden konnten: Wo sich die Höhepunkte von Wellen überlappen, verstärken sie sich gegenseitig und werden heller; an ihren Tiefpunkten löschen sie sich gegenseitig aus und erzeugen ein dunkles Band. Young war überzeugt, er habe das Rätsel der dualen Wellen-Partikel-Natur des Lichts gelöst.

Er untersuchte, wie sich ein Lichtstrahl verhält, der durch eine Öffnung fällt: Ist die Öffnung rechteckig wie ein Fenster, wirft er einen klaren rechteckigen Schatten an die gegenüberliegende Wand. Wenn die Öffnung jedoch ein Schlitz ist, wirft das Licht kein scharfes schlitzartiges Bild, sondern breitet sich wie ein Fächer aus. So verhält sich gebeugtes Licht.

Youngs Experiment mit den zwei Schlitzen ergab ein Resultat, das niemand vorhergesehen hatte. Man hatte erwartet, dass der Lichtstrahl, wenn er durch zwei Schlitze fiel, das gebeugte Licht intensivierte, doch statt dessen zeigte sich auf der gegenüberliegenden Wand eine Reihe von Bändern, wobei das hellste im Zentrum lag.

1864 baute der schottische Physiker James Clerk Maxwell auf der Arbeit Michael Faradays und anderer auf und entwickelte die erste einheitliche Feldtheorie, die die Gesetze von elektrischen und magnetischen Kräften darstellte. Er erkannte, dass Licht zu den vielen elektromagnetischen Wellen und damit zu einem viel größeren Energiespektrum gehört. Diese Wellen hatten eine elektrische und eine magnetische Komponente, die in rechtem Winkel zueinander schwangen.

Ein dünner Film wie die Haut der Seifenblasen (oben) oder Öl auf Wasser bricht weißes Licht in Farben. Die Farbe hängt von der Stärke des Films ab – ein Film in der Stärke einer blauen Welle erscheint blau.

# Partikel, Wellen oder beides?

Licht wurde mit dem Urknall geboren, dem Beginn von Materie, Raum, Energie und Zeit. Wenn neue Sterne entstehen (oben), geschieht etwas Ähnliches, wenn auch in kleinerem Maße.

Wenn die Solarwinde durch die Ionosphäre der Erde brausen, kann man am Himmel der hohen Breitengrade herrliche Vorhänge aus Licht sehen. Auf der nördlichen Halbkugel heißen sie Aurora Borealis oder Nordlichter, im Süden Aurora Australis oder Südlichter.

Zu Beginn des 20. Jahrhunderts machte das elektromagnetische Energiespektrum Schlagzeilen: Röntgenstrahlen, Alpha-, Beta-, Gammastrahlen und Radiowellen wurden gleichzeitig erforscht. Man glaubte nicht mehr an die Unteilbarkeit des Atoms – man wusste, dass es Elektronen und möglicherweise noch andere subatomare Partikel enthielt. Alle Voraussetzungen waren geschaffen, sich wieder der Teilchenqualität des Lichts zuzuwenden.

1900 machte der Physiker Max Planck die recht nützliche Entdeckung, dass die Energie der Strahlung mit ihrer Frequenz durch die ungefähre Konstante 0.000000000000000000000000006624 verbunden ist. Bis dahin hatte der photoelektrische Effekt, die Tatsache, dass reines violettes Licht eine Metallplatte dazu veranlasst, Elektronenschauer abzugeben, die Wissenschaftler eher verwirrt. Die Anzahl der Elektronen hängt von der Frequenz des Lichts ab (niedrige Frequenzen produzieren weniger Elektronen) und nicht, wie man annehmen könnte, von seiner Intensität. Plancks Konstante gab den Wissenschaftlern ein Energiemaß oder Quantum für die Strahlung. So ist zum Beispiel ein Quantum roten Lichts nur halb so energiegeladen wie ein Quantum violettes Licht.

Die Karriere Albert Einsteins war unlöslich mit seiner Forschung über die Natur des Lichts verbunden. Einstein nutzte diesen photoelektrischen Effekt, um zu beweisen, dass es sich verhielt, als bestünde es aus Partikeln. Er nahm an, dass sich Licht aus einzelnen, diskontinuierlichen Partikeln oder Energiekörnern zusammensetzte, die er Photonen nannte. Wenn diese Photonen ein Elektron treffen, kollidieren sie wie zwei Billardkugeln. Die Geschwindigkeit, mit der die Elektronen von der Platte fliegen, hängt proportional mit der Energie der ankommenden Photonen zusammen, und diese ergab sich wiederum aus ihrer Frequenz. Der photoelektrische Effekt wird heute vielfältig genutzt, zum Beispiel beim Fernsehen: Das Bild auf dem Bildschirm wird durch den Aufprall von Elektronen erzeugt, die mit Hilfe von Magnetfeldern genau dort landen, wo sie landen sollen.

Einige Lebewesen, von denen viele in der dunklen Tiefsee leben, produzieren selbst lebendiges Licht. Gelbe Seescheiden *(Clavelina lepadiformis)* leuchten in den Wassern südwestlich von England. Sie produzieren ihr Licht mit Hilfe chemischer Reaktionen in einem speziellen Lichtorgan ihres Körpers.

Einsteins neue Theorie, dass Licht aus Photonen bestehe, stand im Gegensatz zu Youngs Wellentheorie. Der Konflikt währt bis heute: Besteht Licht aus Wellen oder Partikeln – oder aus beidem? Wir können diese Frage erst dann beantworten, wenn wir verstehen, wie Elektrizität, Magnetismus und Gravitation funktionieren.

Ich persönlich finde es nicht schwierig, beide Thesen zu vereinen, weil ich mir eine Welle, die aus Partikeln besteht, gut vorstellen kann. Für mich ist ein elektrisches Feld ein Raum, gefüllt mit geladenen Partikeln, und die Dichte der Partikel definiert die Stärke des Felds. Wer hatte also Recht in Bezug auf die Eigenschaften des Lichts?

Um dieses Paradoxon zu erklären, gaben Wissenschaftler auch lächerliche Antworten: Einstein glaubte zum Beispiel, dass Photonen von „Geisterwellen" geleitet würden. Ein Rohrkrepierer, Einstein! Als sich 1924 mit der Quantentheorie die „neue Physik" entwickelte, meinten der dänische Physiker Niels Bohr und seine Kollegen H. A. Kramer und John Slater, die fraglichen Wellen seien „Wahrscheinlichkeitswellen". Darunter versteht man mathematische Einheiten, durch welche Physiker die Wahrscheinlichkeit vorhersagen können, mit der bestimmte Ereignisse eintreffen.

Die Physiker waren auf etwas gestoßen, worauf schon Aristoteles hingewiesen hatte: auf das Konzept des „Potentials", der erkennbaren Neigung in eine bestimmte Richtung. Im 20. Jahrhundert beschrieb der deutsche Wissenschaftler Werner Heisenberg das Potential als „etwas, das in der Mitte zwischen der Idee von dem Ereignis und dem tatsächlichen Ereignis steht, eine merkwürdige Form von physikalischer Realität genau in der Mitte zwischen Wahrscheinlichkeit und Wirklichkeit". Gary Zukav schließt in seinem Buch *The Dancing Wu Li Masters* (1979), dass „Physiker plötzlich mit Energien umgingen, die irgendwie Information verarbeiteten (wodurch sie organisch wurden) und sich unerklärlicherweise in Mustern (Wellen) zeigten. Kurz gesagt, Physiker befassen sich mit Wu-Li-Mustern organischer Energie". Bis jetzt glaubt man, dass Photonen keine Masse haben und aus reiner

Energie bestehen. Doch nehmen wir an, dass der materielle Anteil des Lichts sehr fein ist. Je mehr sich die Energie des Lichts konzentriert, um so langsamer wird es; es kondensiert und wird immer mehr zu den Materialien, die wir in unserer Welt kennen – unsere Körper zum Beispiel.

Nach diesem Modell sind wir letztlich alle konzentrierte Energie. Stellen Sie sich die Konsequenzen vor: Wenn ich meinen Arm bewege, ist es die Energie, die in der Materie meines Armes steckt, welche die Bewegung ausführt. Wissenschaftlich ausgedrückt schlage ich einfach nur vor, Einsteins berühmte Gleichung $E = mc^2$ in $m = E : c^2$ umzustellen. Anders ausgedrückt: Alle Masse (Materialien) ist gleich E (Energie) geteilt durch $c^2$ (Lichtgeschwindigkeit im Quadrat). Alle Materie ist nur konzentrierte Energie. Das ist mehr oder weniger was Wu Li meint: Muster organischer Energie. Wu bedeutet Materie oder Energie und Li universelle Ordnung oder universelles Gesetz.

In dieser Welt der neuen Physik sind Materie und Energie auswechselbar: Wenn Materie ihre Masse abschüttelt und sich mit Lichtgeschwindigkeit fortbewegt, nennen wir sie Strahlung oder Energie. Wenn Energie erstarrt, träge wird und wir Masse feststellen können, nennen wir sie Materie.

Wie Clerk Maxwell glaube ich, dass das Universum irgendwie vernetzt ist, vielleicht weil es in Feldern verschiedener Dichte mit Elektronen angefüllt ist. Da Elektronen alle gleich sind (die Elektronen in einem Atom Gold sind ununterscheidbar von Elektronen in einem Atom Blei), existiert bereits ein universelles Gesetz oder eine Ordnung. Wenn ein Elektron seine Position verändert, wirkt sich das auf das gesamte Universum aus.

Warum sind Elektronen organischem Leben so nützlich? Elektronen sind die ersten subatomaren Partikel, die identifiziert wurden. Sie sind leicht, stabil, austauschbar und immer negativ geladen – was sie zu guten Boten macht. Noch wichtiger ist, dass Elektronen sich nicht in andere Partikel auflösen – daher haben sie überall die Aufgabe, Moleküle zusammenzuhalten.

Fraktale (oben) sind Muster sich selbst organisierender Energie, die sich *ad infinitum* nach bestimmten mathematischen Regeln wiederholen.

# Der Sonnenstrahlencocktail

**Die Farben des Lichts**

| **Farbe** | **Wellenlänge in Nanometern** |
|---|---|
| Rot | 700-625 |
| Orange | 625-595 |
| Gelb | 595-570 |
| Grün | 570-495 |
| Blau | 495-440 |
| Indigo | 440-410 |
| Violett | 410-380 |

Das weiße Sonnenlicht ist eine ungebündelte Mischung aller Wellenlängen des sichtbaren Spektrums. Das Bild gegenüber zeigt weißes Licht, das durch die Trennung der Farben in Strahlungsgruppen gebündelt wurde – von Rot über Gelb, Grün und Blau zu Violett (einer Mischung von Rot und Blau).

„Jedes Licht begann als Atom", schrieb der berühmte Autor und Physiker E. N. da C. Andrade. Und das meiste Licht in unserer Umwelt stammt von den Atomen der Sonne. Dieser unser Stern ist ein enormer Kernreaktor, ein riesiger Hochofen für Atome und ihre subatomaren Partikel – Elektronen, Protonen, Neutronen usw.

Jeden Augenblick werden in der Sonne zahllose Millionen von Wasserstoffatomen in Heliumatome verwandelt, wobei erstaunlich große Mengen Energie freigesetzt werden. Materie verwandelt sich mit einer Geschwindigkeit von vier Millionen Tonnen in der Sekunde in Energie, einen reichhaltigen Cocktail elektromagnetischer Strahlen, die in alle Richtungen fliegen.

In diesem Cocktail gibt es nahezu jede Form elektromagnetischer Strahlung – von Röntgenstrahlen bis zu Radiowellen. Viel wird von der Erdatmosphäre absorbiert, bevor es uns erreicht. Was wir empfangen ist Infrarot – das wir als Hitze spüren –, sichtbares Licht und ultraviolette Strahlen.

Diese elektromagnetische Energie, die durch Zeit und Raum strahlt, kann man sich als schwingende Wellen vorstellen, die sich mit derselben schnellen Geschwindigkeit fortbewegen. Welche Kraft und welche Eigenschaften die Energie hat, richtet sich nach ihrer Wellenlänge und der Frequenz, mit der die Welle schwingt. Die Familie infraroten Lichts hat zum Beispiel längere Wellen (von 1100 bis 700 Nanometern) als sichtbares Licht (Rot beginnt bei etwa 700 Nanometern, und Violett endet bei etwa 400) und schwingt langsamer. Die ultravioletten Wellen sind noch kürzer – von 400 bis 290 Nanometern – und schwingen auf noch höheren Frequenzen.

Doch die Sonnenstrahlen, die die Erde erreichen, bestehen nicht aus drei gleichen Teilen dieser Familien. Es gibt zum Beispiel einen größeren Anteil sichtbaren Lichts als ultravioletter Strahlung, und im sichtbaren Licht sind mehr blaue und grüne Wellen als rote und gelbe.

# Elektronen und Licht

Blitze sind gewaltige elektrische Funken, verursacht durch einen immensen Aufbau statischer Elektrizität in Gewittern. Sie sind perfekte Beispiele für die bemerkenswerte Geschwindigkeit des Lichts – elektromagnetische Energie, die in einem Augenblick durch hoch aufgeladene Luft rast.

Elektronen sind der Schlüssel dafür, warum sich alle elektromagnetischen Wellen, einschließlich dem Licht, im selben rasenden Tempo fortbewegen. Tatsächlich ist nichts schneller als Licht – etwa $3 \times 10^8$ m/s oder fast 300 000 km/s in der Luft. Im Wasser sind sie langsamer, doch das Hauptinteresse der Wissenschaftler konzentrierte sich immer auf die Geschwindigkeit im freien Raum.

Für vielzellige Wesen wie wir zählt dagegen die Passage der Elektronen durch die wässrigen Lösungen unseres Körpers. Diese Lösungen sind salzig, denn die Ionen des positiv geladenen Natriums und des negativ geladenen Chlors unterstützen die Leitfähigkeit: Salziges Wasser ist ein viel besserer Träger für Elektronenströme als destilliertes Wasser. Nur durch die Elektronen empfangen die Trillionen Körperzellen koordinierende Instruktionen mit Lichtgeschwindigkeit.

Ein Beispiel ist das Herz: Unser Herzmuskel wird nicht von Nerven, sondern durch elektrische Felder kontrolliert. Oder das Gehirn, dessen Rhythmen sich seit ihrer Entdeckung jeder funktionalen Erklärung entzogen haben. Diese Rhythmen sind fast überall im Körper, ohne dass sie, dank der Elektronen, an Signalstärke verlieren.

Der dänische Astronom Ole Christian Roemer entdeckte 1676 bei seiner Erforschung der Monde des Jupiters, dass sich Licht mit sehr hoher und doch begrenzter Geschwindigkeit fortbewegt. Obwohl davon auszugehen war, dass sich die Monde in ihrer Umlaufbahn um Jupiter immer gleich schnell bewegten, stellte er fest, dass sie nicht dieselbe Zeit hinter dem Planeten wie vor ihm brauchten. Weil er die Entfernung zwischen Jupiter und Erde falsch berechnete, gab er der Lichtgeschwindigkeit nur 226 000 km/s, doch damit lag er erstaunlich richtig.

Erst viel später wagten sich die Wissenschaftler an die exakte Bestimmung der Lichtgeschwindigkeit. James Clerk Maxwell beschrieb in seinen Ausführungen über die elektromagnetische Theorie des Lichts die verschiedenen Versuche, die Lichtgeschwindigkeit zu messen. Der französische Physiker H.L. Fizeau begann 1849 als erster damit. Er entwickelte eine geniale Methode, die Lichtgeschwindigkeit im Labor zu messen, die mit Roemers astronomischen Studien übereinstimmte.

Zwischen 1856 und 1890 gab es wenigstens 15 Studien, die alle praktisch dieselbe Antwort gaben. Maxwell ging weiter und sagte, Licht sei eine elektromagnetische Störung, die sich im selben Medium ausbreite, durch welche andere elektromagnetische Aktionen übertragen würden. Er erforschte die Tatsache, dass sich Magnetfelder auf Licht auswirken, und zeigte, dass Licht mit Elektronen zu tun hat, obwohl das Elektron damals noch nicht entdeckt worden war.

Dennoch bezweifelte Clerk Maxwell die Existenz von Elektronen. Er schrieb: „Wir wissen so wenig über die Einzelheiten der molekularen Beschaffenheit von Körpern, dass es unwahrscheinlich ist, eine befriedigende Theorie zum Partikelphänomen oder zum magnetischen Verhalten von Licht zu entwickeln. Zuerst müssen wir mehr über die Eigenschaften eines Moleküls wissen, um die Voraussetzungen für die beobachteten Tatsachen zufriedenstellend zu erklären."

Er fuhr fort: „Ich glaube, wir haben gute Beweise für die Annahme, dass es ein Rotationsphänomen im Magnetfeld gibt, dass diese Rotation von einer großen Anzahl sehr kleiner Materieteilchen ausgeführt wird, die sich alle um ihre eigene Achse drehen und parallel zur magnetischen Kraft ausrichten, und dass die Rotationen der verschiedenen Wirbel durch einen Mechanismus miteinander vernetzt sind."

Mit diesem letzten Satz beschrieb Clerk Maxwell 1892 das Elektron – es wurde fünf Jahre später von dem englischen Physiker Sir Joseph John Thomson entdeckt – und hatte erkannt, dass die Natur des Lichts auf Vernetzung beruht.

Die Farbe jeder Blumen stammt aus der Sonne, wie der Dichter, Wissenschaftler und Gelehrte John Stewart Collis in *The Vision of Glory* (Penguin, 1975) schreibt: „... und das Gelb der Narzisse und das Rot der Rose waren vor acht Minuten noch in der Sonne."

# Licht durchdringt den Körper

Der Dichter William Blake sagte einmal, dass das Universum den Schrei eines verwundeten Hasen hören könne. Wenn solch eine Sensitivität möglich ist, dann hat ein Lichtstrahl eine enorme Wirkung auf einen organischen Körper, da er aus Trillionen sich bewegender Elektronen besteht. Doch wenn dies stimmt, muss man sich von dem Gedanken verabschieden, dass Licht nicht tief in das Innere eines Menschen eindringen kann. Gibt es Beweise dafür, dass das Licht auf der Haut bis tief in den Körper wirkt?

Einige Studien behaupten genau das. Licht scheint auf den Suprachiasmatischen Nukleus zu wirken, wo sich die beiden optischen Nerven in der Mitte des Gehirns kreuzen, obwohl diese Wirkung auch durch die veränderten Impulse des optischen Nervs ausgelöst werden kann und nicht direkt durch Licht.

Viel wichtiger ist die erst kürzlich gemachte Entdeckung, dass etwa 20 Prozent des Lichts, das durch das Auge fällt, hinter der Netzhaut vitale Komponenten des Gehirns erreicht, besonders den Hypothalamus, die Hypophyse und natürlich die Zirbeldrüse (siehe Seite 50). Dadurch kann Licht (und damit alle Arten von elektromagnetischen Feldern) auf die Mehrzahl unserer Lebensprozesse einwirken: auf die Hormonproduktion, die Reaktion auf Stress, das autonome Nervensystem und das limbische System, den Sitz unserer Emotionen. Abgesehen davon kann Licht in uns unseren Stoffwechsel und sogar unsere Sexualfunktionen beeinflussen.

## Das Umfeld unserer Augen

Augen haben sich wahrscheinlich seit der Amöbe entwickelt. Wenn die Oberfläche einer Amöbe eine kleine Delle aufwies, dann warf das Licht auf der gegenüber liegenden Seite einen Schatten. Wenn sich das Licht bewegte, würde sich auch der Schatten bewegen, und fotosensitive Chemikalien – Moleküle, die auf den Unterschied von Licht und Dunkelheit reagieren – konnten die Amöbe vor einem Verfolger warnen oder auf Beute aufmerksam machen. Es könnte sein, dass sich unser „modernes“ Auge mit seinen Stäbchen und Zäpfchen, die monochromes und farbiges Sehen ermöglichen, aus so einfachen Bedingungen entwickelte. Heute wird das Licht, das in ein Auge fällt, immer noch von den Nervenzellen der gegenüberliegenden Hirnhälfte entziffert – eine Erinnerung an die Amöbe.

Andere Geschöpfe spüren Licht direkt durch die Haut. Bei Würmern zum Beispiel sitzen Fotorezeptoren (Zellen, die auf Licht reagieren) im Basalgewebe der Haut; besonders am vorderen Ende gibt es deutlich linsenartige Zellen. Diese Rezeptoren reagieren bei schwachem Licht fotopositiv und bei starkem Licht fotonegativ und scheinen (wenn auch grob) einige Frequenzen zu unterscheiden.

Wir haben das Rätsel, warum organisches Leben gerade diesen Teil des elektromagnetischen Spektrums wählt, um Bewegung, Form und Farben anderer Materialien zu unterscheiden, noch nicht gelöst. Einer der Gründe mag sein, dass die Präzision um so besser wird, je höher die Frequenz ist. 1930 erfand Royle Rife ein Mikroskop, das statt mit sichtbarem Licht mit der höheren Frequenz des ultravioletten Lichts arbeitete. Dadurch erhielt er viel schärfere Bilder und konnte stärker vergrößern.

Doch weil die obere Hälfte des UV-Spektrums gesundheitsschädlich ist, konnte man nur eine begrenzte Zeit hineinsehen. Darüber hinaus entdeckte Rife, dass jede Mikrobe eine bestimmte Frequenz hat, auf die sie empfindlich reagiert, und dass man sie durch diese Frequenz vernichten kann (eine Entdeckung, die der pharmazeutischen Industrie nicht so gut gefiel).

Ein anderer Grund dafür, dass die Evolution diesen Weg einschlug, mag mit Resonanz zu tun haben. Sichtbares Licht hat gewöhnlich eine Wellenlänge von 500 Nanometern – etwa ein halbes Mikron –, und die meisten Zellen haben außerhalb ihrer Membran eine Grundsubstanz von demselben Durchmesser, gemessen von der Zellmembran nach außen. Daher könnte man annehmen, dass einige der Glykoproteinstränge in der Membran mit der elektromagnetischen Energie im Band des sichtbaren Lichts in Resonanz geraten. Natürliches Tageslicht besteht aus all diesen und noch mehr Frequenzen, einschließlich ultravioletter Strahlung (UV). Die spektakuläre Wirkung von mit UV-Licht bestrahltem Blut, das in den Blutkreislauf injiziert wird, oder auf Tumoren, die durch Fiberoptik bestrahlt wurden, behandeln wir später. Künstliches Licht besitzt nicht alle Komponenten des Tageslichts, doch das wäre, wie wir sehen werden, wichtig für die Gesundheit. Experimente mit normalem Neonlicht haben gezeigt, dass es hohe Konzentrationen von Cortisol und ACTH (Adreno-corticotrophes Hormon) im Blut auslöst, die sonst nur bei Stress entstehen. 1982 ergab eine Studie der London School of Hygiene and Tropical Medicin, dass in mit Neon beleuchteten Büros die Rate an Krebserkrankungen höher war.

## Die Empfindlichkeit unserer Augen

Doch warum sollte die Natur nur die sichtbaren Lichtfrequenzen für unsere Sensoren für Strahlung und elektromagnetische Felder ausgewählt haben? Wenn Elektronen in einem Vakuum entladen werden, glühen sie grünlich, was zeigt, dass sie mit einer Wellenlänge von 500 Nanometern pulsieren. Das gibt uns einen weiteren Schlüssel, warum die Natur die sichtbaren Lichtfrequenzen auswählte, um uns Informationen zu übermitteln, die sich auf 500 Nanometer zentrieren – die Natur wusste, dass Elektronen nützlich sind. Das Elektron ist vor einem Jahrhundert und seine Bedeutung vor 80 Jahren entdeckt worden – eine erstaunliche Tatsache, wenn wir den technischen Fortschritt bedenken, den die Menschheit seither machte.

Warum unsere Augen zu solch außerordentlichen Meisterstücken fähig sind, liegt an den Stäbchen und Zäpfchen in der Netzhaut (es gibt drei Arten von Zäpfchen, und jeder Typus reagiert auf andere Spektralfarben). Die Stäbchen beinhalten Scheiben fotosensitiver Membranen, die alle 15 Minuten erneuert werden, wobei die neu gebildete Scheibe allmählich tiefer sinkt bis zu den pigmentierten Epithelial-

Die blau-violetten Zellen in der Netzhaut des Auges (gegenüber) sind die Stäbchen, die Licht, aber keine Farben wahrnehmen. Licht, das auf die Enden der Stäbchen trifft, löst einen elektrischen Impuls aus, der entlang des optischen Nervs zu einem bestimmten Ort im visuellen Kortex des Gehirns wandert.

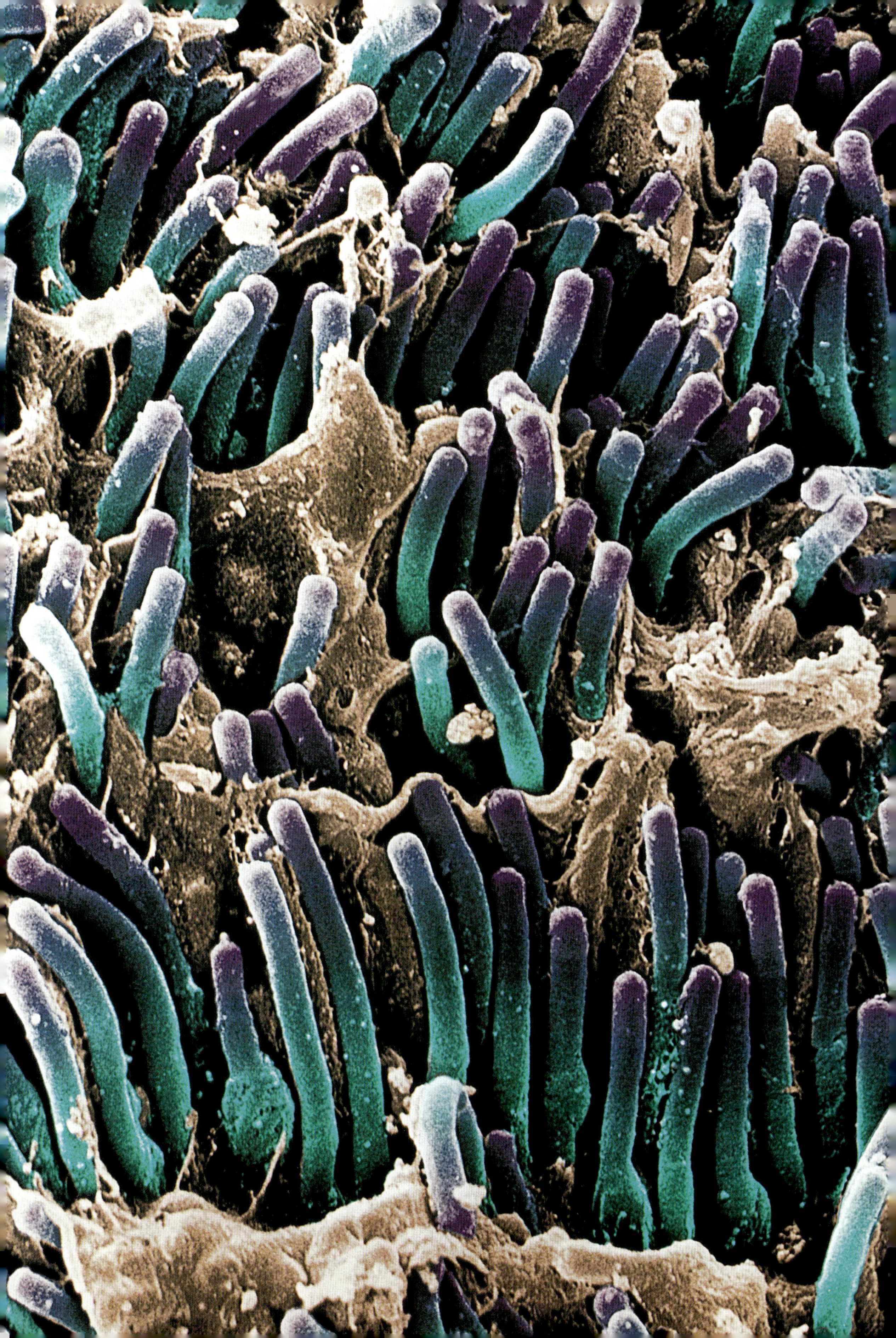

zellen im Augenhintergrund. Auch Zäpfchen haben diese Scheiben, die jedoch nicht ständig erneuert werden.

Einzelne Photonen werden von dem Molekül Rhodopsin absorbiert, das in die Scheiben eingebettet ist, und durch einen komplizierten Ausdehnungsprozess werden Natriumionen im Gegenzug etwa eine Sekunde lang daran gehindert, durch ihre normalen Kanäle in die Zelle einzudringen. Dies verursacht eine massive elektrische Ladung, genug, um einen Nervenimpuls an die Hinterhauptslappen zu senden. Deshalb sehen wir aufgrund von elektrischen Ladungen.

Das System muss noch subtiler funktionieren. Wenn man Ratten verschieden gefärbten Lichtquellen (oder Wellenlängen) aussetzt, zeigt sich, dass bestimmte Farben die Aktivität des Enzyms HIOMT und damit die Melatoninproduktion wirksamer verhindern als andere. Grün kann zum Beispiel die Melatoninsynthese in der Zirbeldrüse verhindern, während Rot vollkommen unwirksam ist: Wir haben unsere eigene innere Dunkelkammer! Blau ist ziemlich wirksam, Gelb weniger, während Ultraviolett eine bestimmte, doch schwache Kraft zeigt.

## Informationstransfer

Die Verwendung von Licht als Informationsübermittlung hat eine lange Geschichte. Der englische Astrologe John Dee erfand im 16. Jahrhundert einen „Mondlicht-Telegrafen“, ein System von Relais, Türmen mit Spiegeln, die Mondlicht oder Sonnenlicht reflektierten und die 40 Kilometer voneinander entfernt aufgestellt wurden. Dadurch wurde zwischen Györ und Prag die Nachricht übermittelt, dass Kaiser Rudolf II. im

Die Augen aller Lebewesen wie Vögel, Reptilien, Insekten und Säugetiere verwandeln Licht in elektrische Impulse, die zum Gehirn wandern und uns die Welt sehen lassen. Doch Sehen ist nur ein Teil der Funktion des Auges. Licht dringt primär durch die Augen in den Körper und erreicht das Gehirn, wo es die Körperprozesse tiefgreifend beeinflusst.

17. Jahrhundert mit Hilfe ungarischer Truppen die Festung von Györ von den Türken zurückerobert hatte.

Heute verwenden wir Radiowellen, die mit Lichtgeschwindigkeit Nachrichten um die Welt senden, doch die gesundheitlichen Bedenken gegenüber diesen Wellen wachsen. Da diese Wellen alle Frequenzen ausnutzen, wird Fiberoptik zur Übertragung von Informationen immer häufiger verwendet. Tatsächlich kann Licht in Fiberoptik-Kabeln viel größere Datenmengen übertragen als Radiowellen.

Um es noch einmal zusammenzufassen: Licht ist eine elektromagnetische Welle von Photonen, die man nicht nur in Bezug auf ihre Energie oder Frequenz, die uns Farben sehen lässt, untersuchen kann, sondern auch in Bezug auf ihre tiefgreifende Wirkung auf viele Körperprozesse. Die Möglichkeit kann nicht ausgeschlossen werden, dass die Natur, wie gewöhnlich, unsere Technologie vorweggenommen hat und organisches Licht benutzt, um den Trillionen Zellen in Lebewesen Informationen zu übermitteln. Später erkläre ich die Entdeckungen der neuen Molekular- oder Quantenbiologie und wie Licht einen Heilungsprozess unterstützen kann.

Die Farbe eines Objekts wird durch die Frequenz des sichtbaren Lichts bestimmt, das seine Oberfläche reflektiert. Ein Maler, der seine Farben wählt, kann die verschiedenen Schattierungen von Grün, Rot oder Blau genau unterscheiden. Die Fähigkeit des Auges, zwischen Frequenzen zu unterscheiden, ist wirklich bemerkenswert und weckte die Aufmerksamkeit eines der größten Physiologen des 19. Jahrhunderts, Hermann Helmholtz. Er entdeckte, dass das Auge bereits winzigste Lichtmengen wahrnimmt.

# Die Kraft des Sonnenlichts

Warme Sonnenstrahlen auf dem Gesicht gehören zu den Grundfreuden des Lebens – eine Freude, die die Seele wärmt. Wenn wir Licht auf unserer Haut spüren, wissen wir instinktiv, dass es uns gut tut, denn wir stammen selbst aus diesem Licht. Ohne Sonne gibt es kein Leben auf der Erde, und unser Körper, der sich dessen erinnert, erfreut sich am Sonnenlicht.

Die Wissenschafter sind zu derselben Überzeugung gelangt. Sowohl die Alten Griechen wie die moderne Medizin bestätigen, dass Sonnenlicht gegen Bakterien wirkt. Wenn man eine offene Wunde abdeckt, riskiert man eine Infektion. Mit Hilfe von Sonnenlicht produziert der Körper Vitamin D, ohne dass wir an Kalziummangel leiden würden. Es ist die Sonne, die uns wärmt, unsere Pflanzen nährt, unsere Tage festlegt und unsere visuellen Erfahrungen bereichert.

Aus diesem Grund sollten wir dafür sorgen, dass wir mindestens eine halbe Stunde täglich im Freien verbringen. Die Gefahren intensiven Sonnenbadens sind bekannt, doch wenn wir nicht am feinen Mantel der Ionosphäre herumgepfuscht hätten, könnten die schädlichen Anteile der Sonnenenergie die Erde gar nicht in so hohem Maße erreichen. Die meisten von uns verbringen die meiste Zeit in Wohnungen und Häusern, und diese sollten idealerweise natürlich und nicht durch Neonröhren beleuchtet werden. Mehr als eine ernst zu nehmende wissenschaftliche Studie vermutet, dass Neonröhren das Krebsrisiko erhöhen.

Da sich die Krankenhäuser heute mit Bakterien herumschlagen, die gegen Antibiotika resistent sind, müssen neue Methoden eingesetzt werden, und es hat sich als äußerst wirksam erwiesen, die infizierte Stelle mit denselben Frequenzen zu bestrahlen, die im Sonnenlicht vorhanden sind. Vor kurzem konnte in Texas eine Epidemie, die der gefürchtete, gegen Methycillin (Antibiotikum) resistente Keim Staphylococcus Aureus (MRSA) auslöste, nur dadurch unter Kontrolle gebracht werden, dass das Blut der Erkrankten mit UV-Licht, einem Ersatz für Sonnenlicht, bestrahlt wurde. Es ist höchste Zeit, dass wir uns an die Heilkräfte der Sonne erinnern.

# Ultraviolettes Licht und Sonnentherapie

Obwohl die Geschichte der Sonnentherapie bis ins Altertum zurückgeht, wurde die Heilwirkung von ultraviolettem Licht erst im 19. Jahrhundert in Skandinavien ernsthaft erforscht. Der dänische Professor Niels Finsen bemerkte 1890, dass Hauttuberkulose häufig in den Wintermonaten, jedoch selten im Sommer auftrat.

Er vermutete, dass mangelndes Sonnenlicht dafür verantwortlich sein könne, und so legte er an Lupus Vulgaris (eine tuberkulöse Hauterkrankung) Erkrankte unter kohlenbetriebene Bogenlampen, die ultraviolettes Licht abgaben. Damit hatte er so viel Erfolg, dass er eine Spezialklinik eröffnete und schließlich den Nobel-Preis erhielt, da er als erster Hauttuberkulose heilen konnte. Er erforschte auch das andere Ende des sichtbaren Lichtspektrums und behandelte Windpocken mit Rotlicht. Heute wird Finsen der Vater der Fotobiologie genannt.

Im 19. Jahrhundert entdeckte man des weiteren, dass UV-Licht dem Körper hilft, Vitamin D zu produzieren. Da es in Reaktion auf Sonnenlicht entsteht, wird es Cholecaliferol genannt und ist viel wirksamer als die synthetische Version Ergocalciferol in Vitamintabletten. Vitamin D wird gebraucht, um Kalzium und andere Mineralien zu absorbieren, die äußerst wichtig für das Wachstum und den Erhalt gesunder Knochen und Zähne sind. Ein Mangel kann bei Jugendlichen zu Rachitis und bei Erwachsenen zu Knochenerweichung führen. Beide Erkrankungen werden durch Lichtmangel ausgelöst und können durch Sonnenlicht geheilt werden. Eine Studie, die von der Mineral-Metabolism-Unit in der Leeds General Infirmary in England ausgeführt wurde, stellte bei Obduktionen fest, dass im Winter viel mehr Fälle von Knochenerweichung vorkamen als im Sommer.

## Sonnenlicht, das natürliche Mittel gegen Bakterien

Ein weiteres Beispiel für die Heilwirkung des Sonnenlichts wurde auf dem Fensterbrett eines Colleges in Oxford entdeckt. 1877 führten die englischen Forscher Arthur Downes und Thomas Blunt ein Experiment durch, bei dem sie acht sterilisierte Teströhrchen mit pasteurscher Lösung (eine Zuckerlösung, die Bakterienwachstum fördert) füllten und die Öffnungen lose mit Watte verstopften. Vier Röhrchen wurden in Blei verpackt, um Licht völlig auszuschließen, die vier anderen einen Monat lang aufs Fensterbrett in die Sonne gelegt.

Der Inhalt der in Blei verpackten Röhrchen wurde „deutlich milchig", wogegen die der Sonne ausgesetzten Röhrchen klar blieben. Bei der mikroskopischen Untersuchung zeigte sich, dass die Trübung durch Schwärme von Bakterien entstanden war. Dieser Effekt trat unabhängig von der Temperatur auf, was Wärme als auslösenden Faktor ausschloss, doch es spielte eine Rolle, ob das Wetter bewölkt oder sonnig gewesen war.

Die Autoren teilten der Royal Society mit: „Wir fanden heraus, dass der Inhalt eines Röhrchens vollkommen klar blieb, solange er den Sonnenstrahlen frei ausgesetzt war, doch wenn man ihn dem Licht entzog, entwickelten sich Schwärme von Bakterien." Sie experimentieren auch mit Urin und mit aufgebrühtem Gras und berichteten, dass der Urin aus den in Blei gelegten Röhrchen „so Ekel erregend roch, dass die Untersuchung nur eines Tropfens schon zu einer unangenehmen Aufgabe wurde. Er enthielt große Mengen an Stäbchenbakterien und eine Vielzahl an Mikrokokken..." Der Schluss war ganz klar: Sonnenlicht agierte als natürliches Desinfektionsmittel.

Downes und Blunt realisierten nicht, dass der UV-Licht-Anteil des Sonnenlichts die Sterilisation bewirkte, doch sie fanden heraus, dass die Verfügbarkeit von Sauerstoff ebenfalls wichtig war. Es war der Schweizer Arzt Auguste Rollier, der Anfang des 20. Jahrhunderts die Heilwirkung auf das UV-Licht zurückführte. In seiner Klinik in Leysin, einem Dorf hoch in den Schweizer Alpen, widmete er sich der Heilung von Tuberkulose durch Sonnenlicht. Sein Buch *La Cure du Soleil* führt die Gründe an, warum er seine Klinik in 1500

Kinder im Sanatorium von Auguste Rollier in Leysin in den Schweizer Alpen haben draußen Schule, um die Heilwirkung der Sonne auch beim Lernen zu genießen. Beachten Sie, dass alle Sonnenhüte tragen.

Metern Höhe errichtete: „...weil die Luft dort transparent ist und von den Sonnenstrahlen ohne Hindernisse durchdrungen wird."

Rollier hatte Respekt vor der Kraft der Sonne und gewöhnte seine Patienten ganz allmählich an immer längere Aufenthalte im Freien. Zuerst wurden Rolliers Theorien verlacht, doch 20 Jahre später gab es in vielen Teilen der Welt Sonnenkliniken für die Behandlung von Tuberkulose. Andere Krankheiten, die mit Heliotherapie behandelt wurden, waren Colitis, Gicht, Anämie, Zystitis, Arteriosklerose, Rheumatische Arthritis, Ekzem, Akne, Asthma und Verbrennungen. Gleichzeitig merkte man, dass die UV-Strahlung den Blutdruck senkt. Ein einziges Sonnenbad wirkt fünf bis sechs Tage lang.

Doch als die Lichttherapie Ende 1930 auf der Höhe ihres Erfolgs angekommen war, erschien mit Penizillin das erste Antibiotikum auf dem Markt. Ärzte wie Patienten entschieden sich begeistert für die neue medikamentöse Behandlung, und die Sonnenlichttherapie geriet in Vergessenheit.

## Heilkräfte

Zu Beginn des 21. Jahrhunderts fangen die Menschen wieder an, die Heilkraft des Sonnenlichts zu schätzen. Eine weitere Erkrankung der Knochen, die durch Vitamin-D-Mangel ausgelöst wird, ist die Osteoporose, die eine von drei Frauen über fünfzig und einen von zwölf Männern befällt. Bei dieser Störung verlieren die Knochen an Masse, werden fragil und können schließlich zusammenbrechen. Die beste Möglichkeit, Osteoporose zu vermeiden, ist, in der Kindheit und Jugend viel Vitamin D und Kalzium zu sich zu nehmen und als Erwachsener ständig leichten Kraftsport zu betreiben. Auch im Alter ist Sonnenlicht sehr wichtig. Ein Spaziergang im Park und eine Ruhepause auf einer Bank in der Sonne ist die ideale Möglichkeit für alte Menschen, ihre tägliche Ration Vitamin D zu erhalten.

Kalzium hat die Funktion, den Zellen wichtige Informationen zu übermitteln und unser Skelett zu festigen. Nur wenige wissen, dass Licht (genauso wie andere elektro-

Sonnenkliniken zur Behandlung von Tuberkulose wie jene von Auguste Rollier liegen immer hoch (gegenüber). Die Kombination aus kühler, reiner Luft und Sonne erhöht den Heilerfolg.

magnetische Frequenzen im extrem niedrigen Schwingungsbereich) dafür sorgt, dass wir Kalzium in unseren Knochen ablagern, wodurch wir sie stärken. An der Columbia Universität in New York wurde eine neuartige Technik zur Behandlung schlecht heilender Knochenbrüche entwickelt, bei der niedrig frequente, pulsierende elektromagnetische Felder durch das jeweilige Körperteil gelenkt werden. Eine Studie an alten Männern in einem Altersheim in Bosten, Massachusetts, bewies, dass Kalzium durch natürliches Sonnenlicht besser absorbiert wird. Die Freiwilligen hielten sich ausschließlich in Räumen auf, die mit verschiedenen künstlichen Lichtquellen beleuchtet wurden. Nach sieben Wochen nahmen die Männer nur noch 40 Prozent des Kalziums in ihrer Nahrung auf. Bei denjenigen, die die Isolation noch einen weiteren Monat durchhielten, reduzierte sich der Spiegel um weitere 25 Prozent.

Dieselbe Wirkung zeigte sich bei einem Experiment mit jungen Männern: Nach zwei Monaten Isolierung verloren sie 50 Prozent ihres Vitamin-D-Spiegels und mehr Kalzium, als sie aufnahmen, was bedeutete, dass die Knochen bereits begannen, Kalzium abzugeben. Die praktische Moral dieser Studie ist klar: Gehen Sie hinaus, und nutzen Sie das Sonnenlicht, ganz gleich, wie alt Sie sind.

Wenn man die Vorteile natürlichen Lichts betont, muss man bedenken, dass die heutigen Büro- und Wohnungsmenschen dazu neigen, ihr Sonnenbad auf die jährlichen Sommerferien zu beschränken. Diese exzessive Sonnenbestrahlung ist jedoch keineswegs nützlich, sondern im Gegenteil wirklich schädlich. Es ist viel besser, täglich ein wenig Sonne zu tanken, da Sonnenbaden mit blasser, nicht an die Sonne gewöhnter Haut diese schädigt und sogar Krebs auslösen kann.

## Ultraviolettes Licht: die Vorteile und Gefahren

Heutzutage hören wir viel über die Gefahren des Sonnenlichts, während seine nützlichen Aspekte heruntergespielt werden. Das National Radiological Protection Board

(NRPB) und andere Organisationen begründen ihre Bedenken gegenüber dem Sonnenbaden mit der veränderten Ionospähre, durch die schädliche UV-Strahlen auf die Erde gelangen.

Das NRPB veröffentlichte kürzlich einen Bericht über solares UV-Licht. Dieses Thema ist sehr wichtig geworden, weil sich die Bevölkerung berechtigterweise um die ständige Ausdünnung der Ozonschicht durch Fluorkohlenwasserstoffe sorgt. Obwohl die Produktion von FCKW eingeschränkt wurde, wird die Ozonschicht immer dünner: Man vermutet, dass Radiowellen die Ozonschicht von unten angreifen. Radiowellen werden von den Schichten der Ionosphäre zurückgeworfen, damit sie die Krümmung der Erde überwinden.

Viel zu spät wurde in Großbritannien damit begonnen, einen Teil des Informationsflusses auf Fiberoptik zu verlagern, um den Elektrosmog zu reduzieren. Doch die Probleme werden wahrscheinlich solange weiter bestehen, bis die Stadtbewohner auf der Nordhalbkugel genauso häufig an Hautkrebs und Grauem Star leiden wie die Menschen in Australien und Südamerika. Erst dann werden sie die Gefahr ernst nehmen.

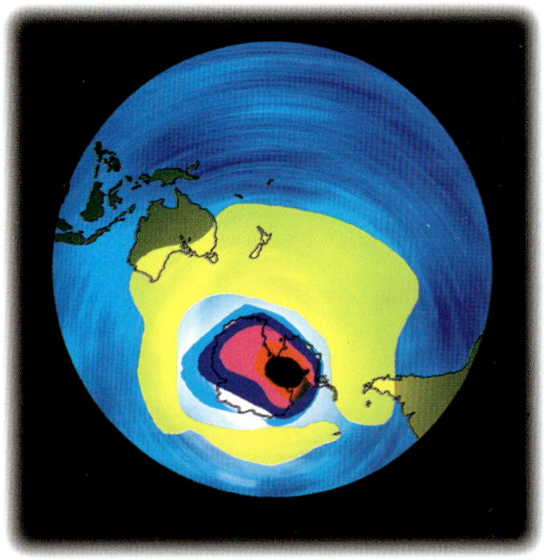

Die Ozonschicht, die zwischen der Troposphäre und der Stratosphäre liegt, enthält normalerweise eine hohe Konzentration Ozongas. Ozon absorbiert den größten Teil der UV-Strahlung, bevor es die Erde erreicht. Die roten und violetten Bereiche über der Antarktis (oben) zeigen kein „Loch“, sondern eine deutliche Verringerung der Ozonkonzentration.

## Die Vorteile des Sonnenlichts

In seinem Buch *Light: Medicine of the Future* führt der Lichttherapeut Dr. Jacob Libermann die zehn größten Vorteile des Sonnenlichts auf:

1. Es ermöglicht die Produktion von Vitamin D im Körper;
2. Es senkt den Blutdruck;
3. Es steigert die Herzleistung;
4. Es verbessert die im EKG angezeigten Ergebnisse;
5. Es reduziert die Cholesterolkonzentration;
6. Es hilft beim Abnehmen;
7. Es wirkt gut gegen Psoriasis;
8. Es steigert die Konzentration der Sexualhormone;
9. Es lindert Asthma und andere Lungenkrankheiten;
10. Es steigert die Produktion von Solitrol, einem Hormon, das auf die Stimmung wirkt.

In jeder italienischen Stadt gibt es eine Piazza, einen idealen Ort, um die Nachmittagssonne zu genießen und Freunde zu treffen (nächste Seite).

# Sichere Sonne

Die australische „Slip-Slop-Slap-Kampagne" will Kindern den gefahrlosen Umgang mit der Sonne nahebringen. Sie rät: Zieht (slip) ein T-Shirt an, tragt (slop) Sonnencreme auf und setzt (slap) einen Hut auf!

Wenn wir vernünftig mit ihr umgehen, ist Sonne gut für uns. Wie Sie wissen, hat Sonnenlicht viele Vorteile – es heilt, synthetisiert Vitamin D und stärkt das Immunsystem. Doch zu viel Sonne – ein Sonnenbrand – ist schädlich und sollte vermieden werden. Sonnenbrände lassen die Haut altern und können sogar zu Hautkrebs führen, dem zweit häufigsten Krebs in den USA und in Großbritannien. Eine neuere Studie warnt, dass jeder Fünfte ein Melanom entwickeln wird. Die Zahl neu Erkrankter wächst jährlich und verdoppelte sich in 20 Jahren auf 2000 Fälle.

Die Ursache für Hautkrebs ist fast immer, dass die Haut einer bestimmten Art von UV-Licht zu stark ausgesetzt wird, entweder durch die Sonne oder durch ein Solarium. UV-Licht wird von hellen Oberflächen wie Wasser, Sand und Schnee reflektiert, was seine Kraft verstärkt und die Wahrscheinlichkeit eines Sonnenbrands erhöht. Sie können sich in niedrigem Wasser oder bei leichter Bewölkung verbrennen: Bis zu 75 Prozent der Strahlung erreicht sie trotzdem.

Die Haut wird braun, weil sie geschädigt ist. Mit der Farbe versucht sie, sich zu schützen. Sie reagiert auf die UVB-Strahlen, indem sie das Pigment Melanin produziert. UVB-Strahlung führt zu Hautkrebs, während die UVA-Strahlung tief ins Gewebe eindringt, die Haut frühzeitig altern lässt und damit das Krebsrisiko durch UVB-Strahlen erhöht. Achten Sie auf Ihre Haut: Wenn Sie einen Leberfleck haben, der seine Form oder Farbe ändert oder juckt oder blutet, suchen Sie Ihren Arzt auf. Hautkrebs kann geheilt werden, wenn er früh behandelt wird.

Wer trägt ein erhöhtes Hautkrebsrisiko? Entgegen früherer Meinungen fanden Forscher in einer 1980 durchgeführten Studie heraus, dass Leute, die meist in geschlossenen Räumen arbeiten, ein höheres Risiko tragen als Menschen, die draußen arbeiten. Das geringste Risiko haben diejenigen, die sich regelmäßig in der Sonne aufhalten. Dieses Experiment zeigt, dass konzentriertes Sonnenbaden am schädlichsten ist, und natürlich betrifft das vor allem die traditionellen Sommerferien am Strand. Gehen Sie statt dessen das ganze

Jahr für kürzere Zeitabschnitte ins Freie, gleichgültig, wie das Wetter sein mag. Dann werden Sie die Vorteile des natürlichen Lichts in vollem Umfang ausschöpfen.

Wie können wir von den Vorteilen des Sonnenlichts profitieren, ohne uns den Gefahren auszusetzen? Beherzigen Sie die folgenden Ratschläge:

- Halten Sie sich mindestens 30 Minuten täglich im Freien auf. Gehen Sie spazieren, arbeiten Sie im Garten oder sitzen Sie einfach draußen. Auch Schatten tut Ihnen gut. Wenn Sie länger draußen bleiben wollen, steigern Sie die Zeit langsam. Setzen Sie sich nicht plötzlich mittags im Hochsommer hinaus! Öffnen Sie ein Fenster, wenn Sie sich im Zimmer aufhalten, damit Sie das volle Lichtspektrum aufnehmen.
- Vermeiden Sie Sonnenbrände, denn damit schädigen Sie Ihre Haut. Bräunen Sie langsam und sanft, damit sich die Haut selbst schützen kann.
- Frühe Morgensonne und kühle Luft nützen mehr als Braten in der Mittagshitze. Wenn es heißer ist als 25°, sollte direkte Sonnenbestrahlung möglichst vermieden werden.
- Wenn Sie in eine heißere Klimazone reisen, meiden Sie die Sonne einige Tage, um sich zu akklimatisieren.
- Tragen Sie einen Hut, um Kopf und Nacken zu schützen.
- John Ott (Seiten 104-105) entdeckte, dass Brillen, Sonnenbrillen und Kontaktlinsen die UV-Strahlen herausfiltern und den Nutzen eines gesunden Sonnenbads verringern. Genießen Sie die Sonne deshalb möglichst ohne Brille.
- Konzentrieren Sie Ihre Sonnenration nicht auf zwei Sommerwochen. Beginnen Sie damit bereits im Frühling.
- Essen Sie gesund. Die Forschung fand heraus, dass Früchte und Gemüse reich an Antioxydantien sind und dadurch die Schädigung der Haut durch UV-Strahlen verringern.
- Verlassen Sie sich nicht zu sehr auf Sonnencremes. Einige Forscher meinen, dass Sonnencreme das Hautkrebsrisiko vergrößert, weil die Menschen länger in der Sonne bleiben. Sonnencreme verhindert darüber hinaus die Vitamin-D-Produktion.

# Hauttypen

Offensichtlich hängt es zum größten Teil von Ihrem Hauttyp ab, wie lange Sie sich gefahrlos in der Sonne aufhalten können. Menschen mit blasser Haut tragen ein viel größeres Risiko als diejenigen mit dunkler Haut. Es gibt vier Hauttypen, und jeder reagiert anders auf Sonne:

- Blass: weiße Haut, Sommersprossen, blaue Augen, rotes oder blondes Haar. Dieser Typ verbrennt leicht und wird nicht braun. Er muss gut aufpassen und sollte möglichst nur an kühleren Tagen in die Sonne, um den Hautschutz ohne Sonnenbrand aufzubauen.
- Mittelblass: helle Haut, blondes oder braunes Haar. Dieser Typ wird mit der Zeit braun. Wenn er den Schutz allmählich aufbaut, holt er sich keinen Sonnenbrand.
- Hellbraun: oliv farbene oder hellbraune Haut, dunkles Haar und dunkle Augen wie bei Asiaten oder Bewohnern des Mittelmeerraums. Diese Menschen werden leicht braun, können aber auch verbrennen, wenn sie sich nur wenig draußen aufhalten.
- Dunkel: braune oder schwarze Haut, dunkles Haar und dunkle Augen. Dieser Typ verbrennt kaum, selbst wenn er sich lange in der Sonne aufhält.

## Sonnenschutz für Kinder

Setzen Sie ein Kind unter 6 Monaten nie direkt der Sonne aus. Kinder zwischen 6 Monaten und einem Jahr können mit einem Sonnenhut und schützender Kleidung kurze Zeit in der Sonne bleiben, jedoch nie im Sommer zwischen 11.00 und 14.00 Uhr. Passen Sie am Strand besonders gut auf, wo der helle Sand die Strahlung reflektiert und indirekt das Gesicht bestrahlt. Benutzen Sie Sonnencreme mit einem Lichtschutzfaktor von mindestens 25.

Gewöhnen Sie Ihre Kinder zu Hause an die Sonne, doch wenn Sie in die Ferien verreisen, besonders in ein Land mit heißerem Klima, sollten Sie zusätzliche Vorkehrungen treffen. Der Strand ist ein angenehmer und doch gefährlicher Ort, und das nicht nur wegen der stärkeren Strahlung. Der Seewind kann Sie in Bezug auf die Sonnenstärke täuschen, so dass Sie erst am Abend Ihren Sonnenbrand bemerken.

Am besten ist es, Kinder in der Mittagszeit anzuziehen und sie in den weniger sonnigen Jahreszeiten schon an die Sonne zu gewöhnen. Wenn sie alt genug sind, erklären Sie ihnen die Gefahr des Hautkrebses durch Sonnenbaden. Wie die Erwachsenen sollten sie besser kurz und häufig in die Sonne gehen, sei es in den Ferien oder zu Hause.

Solange Sie gut aufpassen und ausgedehnte Sonnenbäder in der Hitze vermeiden, tut es Ihrer Gesundheit gut, wenn Sie, wie diese Menschen in Venice Beach, Kalifornien, viel Zeit draußen verbringen.

# Vollspektrum-Licht und Winterdepression

Vollspektrum-Licht ist künstliches Licht, das die Spektralkurve der Sonne so genau wie möglich nachbildet. Zahllose Experimente haben gezeigt, dass Vollspektrum-Licht die Gesundheit und Leistungsfähigkeit steigert und Kopfschmerzen, Depressionen und Müdigkeit verringert. Da die Menschen immer mehr Zeit in Häusern verbringen, wird Vollspektrum-Licht immer wichtiger.

Dr. John Ott, der früher Zeitrafferfilme für die Walt-Disney-Studios herstellte, entdeckte die erstaunlichen Eigenschaften des Vollspektrum-Lichts, als er das Erblühen einer Kürbispflanze filmte. Als er versuchte, die Kürbisse in geschlossenen Räumen unter Neonlicht zu züchten, gediehen die männlichen Pflanzen, doch die weiblichen starben kurz nachdem sich die Blüte gebildet hatte. Bei kühlem weißen Licht geschah genau das Gegenteil: Die weiblichen Pollen gediehen und die männliche Blüten starben. Nur bei natürlichem Vollspektrum-Licht wurden die Kürbisse fruchtbar.

Otts Film *Exploring the Spectrum* zeigt die Wirkung von Vollspektrum-Licht auf Organismen. Er zeigt, dass sich die Chloroplasten in Pflanzen bei natürlichem Licht auch natürlich bewegen. Doch in den Zellen, die Licht ausgesetzt wurden, dem die UV-Komponente fehlte, reagierten die Chloroplasten gestört und sammelten sich in einem Teil der Zelle. Rot und blau gefiltertes Licht störte sie ebenfalls.

Otts Interesse war geweckt, und so experimentierte er mit der Wirkung verschiedener Lichtquellen auf Tiere. Mäuse in Laboratorien lebten unter rosa Neonlicht durchschnittlich nur 7,5 Monate und unter weißem Licht durchschnittlich 8,2 Monate, während sie in natürlichem Tageslicht 16,1 Monate lebten und viel gesünder waren.

Aufgrund seiner Forschung prägte Ott den Begriff „Fehlbeleuchtung" und meint damit, dass dem Licht bestimmte Frequenzen fehlen. Stellen Sie sich vor, dass weißes Licht eine ausgewogene Mischung aus Strahlen zwischen Infrarot und Ultraviolett ist. Wenn man solch ein Licht durch ein Prisma schickt, trennen sich die Strahlen wieder und zeigen die Farben des Regenbogens. Es scheint, dass die Evolution alle Strahlen für das organische Leben nutzt. Wenn man also einen von ihnen entfernt, enthält man dem Organismus Bestandteile vor, die er für seine Gesundheit braucht. In Experimenten mit Kaninchen fand Ott heraus, dass die Pigmentzellen in der Netzhaut der Tiere anormal funktionierten, wenn er die Käfige mit dunklem Glas umgab und so das Sonnenlicht filterte. Diese Experimente bewiesen, dass das falsche Licht (dem bestimmte Frequenzen fehlen) Pflanzen und Tiere tatsächlich schädigt, und es stellt sich die Frage, inwieweit dies auch auf Menschen zutrifft. Wer ständig Sonnenbrillen oder gefärbte Kontaktlinsen trägt, beeinflusst seine Persönlichkeit und vielleicht sogar sein Wohlbefinden.

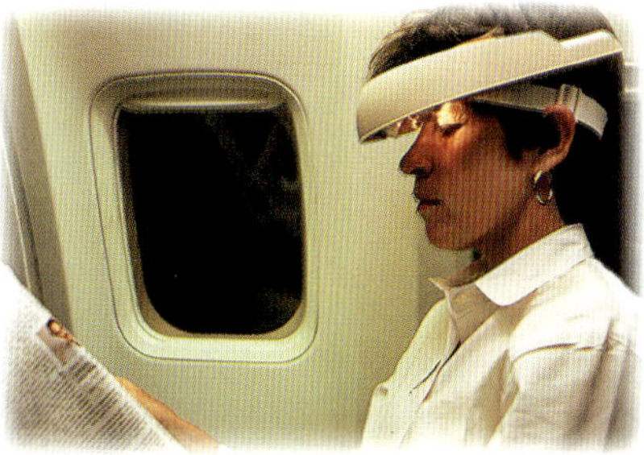

Diese Passagierin trägt einen „Jet Lag Visor", der die Symptome des Jetlags während des Flugs reduzieren soll. Indem er helles Licht auf die Augenlider wirft, programmiert der Visor die biologische Körperuhr um, damit der Schlaf-Wachrhythmus mit der Zeitzone des Zielortes übereinstimmt.

## Neonbeleuchtung in Schulen

In einer Studie über die Wirkung von Neonlicht wurden zwei Klassen in Florida mit Otts Zeitraffer-Kamera überwacht. Die Filme zeigten unmißverständlich, dass Neonlicht Hyperaktivität, Reizbarkeit, Müdigkeit und Aufmerksamkeitsdefizite fördert. Ott war maßgeblich daran beteiligt, dass die Duro-Test-Corporation Phosphor in ihre Leuchtstoffröhren integrierte, damit diese dem natürlichen Licht so nahe wie möglich kamen. So entstanden die ersten Vollspektrum-Röhren mit dem Namen „VitaLite". Diese Röhren sind heute in vielen Ländern erhältlich und die Benutzer berichten, sie seien gesünder, hätten weniger Kopfschmerzen und ausgeruhte Augen. Neonröhren stehen in Verdacht, Hautkrebs auszulösen. Ich rate Ihnen, sie mit Ausnahme der Vollspektrum-Röhren zu meiden.

Allmählich folgen auch andere Wissenschaftler Otts Erkenntnissen und wenden sie auf Menschen an. Die NASA nimmt zum Beispiel nur noch Vollspektrum-Röhren für ihre Raumschiffe.

1980 bestätigte der Forscher Dr. Fritz Hollwich Otts Erkenntnisse, da er bei Personen, die kaltem weißen Licht ausgesetzt wurden, eine höhere Konzentration der Stresshormone ACTH und Kortisol feststellte. Diese Probleme blieben völlig aus, wenn Vollspektrum-Lampen benutzt wurden. Kalten weißen Leuchtstoffröhren fehlen die roten und blau-violetten Enden des sichtbaren Spektrums, und gerade diese sind notwendig für die Gesundheit.

Sie sollten allerdings wissen, dass einige Vollspektrum-Röhren ihr volles Spektrum nicht unendlich lange behalten, sondern mit der Zeit nachlassen. Wechseln Sie Ihre Röhren möglichst jährlich aus. Leider gibt es keinen günstigen Lichtmesser außer Ihrer Stimmung, der Ihnen sagen könnte, ob die Lampe noch gut ist. Außerdem sollten sie beachten, dass Sie sich durch die Elektronik nicht belasten. Wenn die Röhre eine zu niedrige Frequenz hat, flackert sie, und Sie sollten sie gegen eine höher getaktete Röhre austauschen. Ihr Elektrogeschäft sollte Sie damit beliefern können.

## Saisonale Depression

Seit etwa 2000 Jahren ist die mit der winterlichen Jahreszeit verbundene Depression bekannt, doch erst vor kurzem erhielt sie den modernen Namen „saisonale Depression" (SAD) oder „Winterdepression". Dr. Norman Rosenthal entdeckte 1981, dass dieser Stimmungswandel im Winter durch den Mangel an Tageslicht verursacht wird (siehe Seiten 60-61) und prägte den Namen „Winterdepression". Im Winter hat fast jeder weniger Energie und fast alle Menschen fühlen sich anders, doch bei manchen ist die Wirkung ernster und führt zu dieser lähmenden Krankheit.

Man glaubt, dass der Zustand durch die Lichtmenge ausgelöst wird, die durch die Augen eintritt. Nachts produziert der Körper das Hormon Melatonin (siehe Seiten 50-57). Morgens stoppt helles Licht diese Produktion und stimuliert dadurch das Wachsein. Die Forscher schließen daraus, dass das trübe Licht im Winter bei einigen Menschen nicht ausreicht, um den Aufwachprozess anzuregen, weshalb sie benommen und depressiv sind. Wenn man das fehlende Tageslicht jeden Tag durch helles Licht ergänzt, scheint sich die Stimmung aufzuhellen.

Im Arbeitsraum eines Informatikers wird während der Nachtschicht ein Sonnenaufgang simuliert (gegenüber). Elektroden an seinem Kopf zeichnen dabei Gehirnwellen und Mimik auf. Das helle Licht des „Sonnenaufgangs" steigert seine Aufmerksamkeit, und er schneidet bei logischen Tests besser ab.

Frauen erkranken viermal häufiger an SAD als Männer. Die Symptome treten regelmäßig jedes Jahr im Früh- oder Spätherbst auf und bleiben bis zum Frühling. Die Diagnose steht fest, wenn ein Mensch zwei oder mehr Winter an den typischen Symptomen litt und andere Ursachen ausgeschlossen werden können. Die Gesellschaft für Saisonale Depression informiert sowohl Ärzte wie Patienten.

Die Symptome der Winterdepression unterscheiden sich deutlich von der endogenen Depression. Zum Beispiel kann SAD eine Gier nach Kohlehydraten auslösen. Die Patienten essen zu viel und nehmen zu, während endogen Depressive keinen Appetit haben und abnehmen. Während letztere an Schlaflosigkeit leiden, schlafen Winterdepressive besonders viel, wenngleich auch sie morgens früh erwachen können. Andere Symptome sind ein niedriges Selbstwertgefühl, Reizbarkeit, Angst, Spannung, Verlust der Libido und eine plötzliche Besserung im Frühling.

Einige Firmen erkannten, dass zur Linderung der Winterdepression Sonnenlicht simuliert werden muss, und entwickelten besondere Lichttherapiegeräte mit Vollspektrum-Lampen, die mindestens 2500 Lux haben – Lux ist eine Maßeinheit für Licht, wobei 1 Lux der Lichtintensität einer Kerze in einer Entfernung von 1,5 Metern entspricht. Die Geräte produzieren starkes Licht ohne Ultraviolett und benutzen hochfrequente, flackerfreie Stromkreise. Damit Sie die Lichtstärke einordnen können, müssen Sie wissen, dass das Licht eines hellen sonnigen Tages etwa 100 000 Lux misst. Obwohl die Melatoninkonzentration bereits auf 200 Lux in der Stunde reagiert, gibt die normale Innenraumbeleuchtung kaum mehr als 600–700 Lux her.

Die neuesten Lichttherapiegeräte produzieren Lichtstärken von bis zu 10 000 Lux und sind hochwirksam bei der Behandlung von Jetlag, Prämenstruellem Syndrom, SAD und Schwierigkeiten, die durch Schichtarbeit ausgelöst werden. Die Nutzer sitzen etwa 15 bis 45 Minuten täglich vor ihrem Gerät. Wenn man SAD kurieren will, sollte man früh am Morgen mit der Lichttherapie beginnen, damit der Zirkadian-Rhythmus umgestellt wird. Das helle Licht aus dem Gerät bewirkt, dass die Zirbeldrüse die Produktion von Melatonin einstellt und das Aufwachen anregt.

Lichttherapiegeräte gegen saisonale Depression dürfen nicht mit Sonnenbänken verwechselt werden, die die Haut bräunen sollen. Sonnenbänke strahlen im Gegensatz zu Lichtkästen mit hohen Dosen UV-Licht. Ihr Lichttherapiegerät enthält kein UV-Licht und die Sonnenbank kein Vollspektrum-Licht.

Die Behandlung mit Lichttherapiegeräten wirkt bei 85 Prozent aller saisonalen Depressionen. Auch bei Prämenstruellem Syndrom kann sie helfen. Bei anderen Depressionen ist diese Therapie wirkungslos, deshalb sollten Sie sich mit Ihrem Arzt beraten. Die folgende Empfehlung richtet sich nach den Richtlinien der SAD Association (Gesellschaft für saisonale Depression).

Eine an SAD Erkrankte schaut gemütlich das Fernsehprogramm, während sie ihre tägliche Dosis Licht von ihrem tragbaren Lichttherapiegerät enthält (oben). Diese Behandlung verhindert bei der Mehrzahl der Patienten die Symptome.

## Die Benutzung des Lichttherapiegeräts

Beim Kauf eines Lichttherapiegeräts ist die Lichtstärke entscheidend wichtig. Sie brauchen für eine erfolgreiche Behandlung von SAD mindestens 2500 Lux. Die meisten Geräte liefern 10 000 Lux, doch diese wirken nur in nächster Nähe. Allgemein gesprochen: Sie empfangen von einem 10 000 Lux starken Gerät mindestens 5000 Lux, wenn Sie einen Meter davon entfernt sitzen. Die Hersteller der Geräte informieren Sie über die Stärke und die Reichweite der einzelnen Modelle. Wenn Ihre Zeit knapp ist oder Ihre Symptomatik schwer, wählen Sie das Modell mit dem stärksten Licht, damit Sie weniger lange davor sitzen müssen.

Lichttherapiegeräte sind mit natürlichem Tageslicht und hellem weißen Licht erhältlich, und beides soll wirksam und ungefährlich sein. Wählen Sie nach Ihrer persönlichen Vorliebe. Wenn Sie nicht sicher sind, ob ein Lichttherapiegerät für Sie das richtige ist, können Sie bei bestimmten Firmen die Geräte auch leihen (siehe Seite 151).

Stellen Sie das Gerät hoch genug auf, damit es in Ihre Augen scheint. Lassen Sie die Röhren aufwärmen, und beginnen Sie dann mit Ihrer Sitzung. Sitzen oder stehen Sie in der vom Hersteller angegebenen Entfernung, und setzen Sie Ihre Alltagsbeschäftigung fort. Sie brauchen nicht ins Gerät zu schauen, doch Sie müssen Ihre Augen geöffnet halten. Tragen Sie keine Sonnenbrille oder gefärbte Kontaktlinsen, und halten Sie sich bezüglich der Dauer der Bestrahlung genau an die Anweisungen des Herstellers. Beginnen Sie im Frühherbst, bevor die Symptome auftreten, mit den Bestrahlungen, und steigern Sie die Dauer der Sitzung, je näher der Winter kommt. Mit der Zeit werden Sie Ihre tägliche Dosis Lichttherapie selbst bestimmen können.

Für die meisten SAD-Kranken wirkt die morgendliche Bestrahlung am besten. Verbinden Sie Ihr Gerät mit einem Zeitschalter, und benutzen Sie es zum Aufwachen. Wenn Sie früh aus dem Haus müssen, sollten Sie sich mindestens eine halbe Stunde, bevor Sie gehen, bestrahlen und die Behandlung später beenden. Abends sollten Sie Ihr Lichttherapiegerät jedoch nicht benutzen, weil Sie damit Schlafstörungen hervorrufen könnten.

Versuchen Sie, Ihr Lichttherapiegerät möglichst jeden Tag bis zum Frühling zu benutzen, wenngleich Sie ab und zu eine Pause von einem oder zwei Tagen machen können. Die Symptome kehren nach drei oder vier behandlungsfreien Tagen zurück. Wenn Ihnen bei der Behandlung die Augen brennen oder Sie leichte Kopfschmerzen bekommen (die manchmal dadurch entstehen, dass man in das Gerät starrt), schalten Sie Ihr Gerät eine Weile ab und setzen die Behandlung später fort. Einige haben anfänglich Schlafprobleme oder fühlen sich erregt. Dies mag ein Zeichen dafür sein, dass Sie die Dauer der Bestrahlung reduzieren oder sie zu einer anderen Zeit vornehmen sollten. Ersetzen Sie die Birne oder die Röhre regelmäßig nach Anweisung des Herstellers.

# Licht und Farbe

Die Farben, die wir sehen, wirken sich auf unsere Stimmungen aus, und unsere Stimmungen entscheiden über unsere Leistungen und über unser Verhalten. In amerikanischen Gefängnissen wurden zum Beispiel die Zellen von gewalttätigen Insassen rosa angestrichen, weil diese Farbe besänftigend wirken soll. Dass Farben unsere Gefühle und die Atmosphäre beeinflussen, ist natürlich bekannt: Wenn wir deprimiert sind, sehen wir alles grau in grau, dem Neid schreiben wir die Farbe Gelb zu und ein *Grün*schnabel hat keine Ahnung. Wir „sehen Rot" und sprechen von einem „roten Tuch", wenn wir uns ärgern, und wenn jemand betrunken ist, ist er blau.

Es scheint, dass wir unser inneres Farbspektrum bestimmten Stimmungen zuordnen, und wenn wir diese Farben außen verwenden, können wir damit unsere Stimmungen beeinflussen. Die Farbtherapeuten griffen diesen Gedanken auf, und er ist auch wissenschaftlich begründet.

Die verschiedenen Farben wirken sich biologisch aus. 1968 bemalten die Biologen Oishi und Kato von der Universität von Kyoto in Japan die Köpfe von Wachteln mit Pigmenten, die orangenes und grünes Licht abstrahlten. Jene Vögel, die alles in Orange sahen, entwickelten im Gegensatz zu denjenigen, die nur Grün sahen, Geschlechtsorgane. Dr. J. Benoit berichtete dieselbe Wirkung bei einem Experiment mit augenlosen jungen Enten, denen das Licht direkt ins Gehirn gestrahlt wurde. Die Wissenschaftler vermuten, dass die Zirbeldrüse (siehe Seite 50) neben ihren anderen Aufgaben auch eine Rolle bei der Fortpflanzung spielt und dass Melatonin die Sexualorgane beeinflusst, ist schon lange bekannt: Der Eisprung findet statt, wenn der Melatoninspiegel am niedrigsten ist.

Nicht nur Tiere, sondern auch Pflanzen reagieren verschieden auf unterschiedliches Licht. General A.J. Pleasanton aus Philadelphia behauptete im 19. Jahrhundert, dass Weintrauben, die in Gewächshäusern mit blauem und klarem Glas wuchsen, viel mehr Ertrag brachten. Er berichtete, dass die Pflanzen im ersten und zweiten Jahr sehr viel trugen, während sie sonst sechs Jahre brauchen, um diese Reife zu erreichen. C. Flammarion behauptete das Gegenteil – bei ihm gediehen die Pflanzen am besten unter rotem Licht. Zu diesem Thema gibt es noch viele andere Theorien.

Die Experimente des bekannten Farbtherapeuten Theo Gimbel zeigen zum Beispiel, dass Pflanzen unter rotem Licht verkümmerte kleine Blätter haben. Grünes Licht bringt schwache Pflanzen hervor, während Pflanzen unter blauem Licht gut gedeihen und schöne Blätter entwickeln. Die anderen sichtbaren Farben haben klare physiologische Wirkungen auf Menschen. Orange wird zum Beispiel traditionell zur Anregung verwendet, während Grün eher entspannt. Gimbel, der das Hygeia College für Farbtherapie in England leitet, wurde 1921 in Bayern geboren und zog nach dem Zweiten Weltkrieg nach Großbritannien. Im Krieg verbrachte er lange Zeit in Einzelhaft, oft in völliger Dunkelheit, und diese Erfahrung inspirierte ihn zur Farbtherapie, die ihn in der ganzen Welt berühmt machte.

## Die Grundlagen der Farbtherapie

Wenn man behauptet, dass Farben den Körper heilen können, sollte man sich auf abgesicherte wissenschaftliche Beweise stützen können. Obwohl sich die moderne Forschung eher wenig damit beschäftigt, sind Arbeiten aus dem 19. Jahrhundert interessant. 1877 veröffentlichte Dr. Seth Pancoast ein Buch mit dem Titel *Blue and Red Lights,* worin er beschrieb, wie sich durch blaues und rotes Glas gefiltertes Sonnenlicht auf das Nervensystem auswirkt. Das 1878 erschienene Buch Edwin Babbits *The principles of Light and Colour,* in dem er seine Arbeit mit farbigem Licht darstellte, wurde ein Bestseller. Er schickte natürliches und künstliches Licht durch Lichtfilter und entwickelte eine Technik, mit Hilfe derer er genau die Körperteile bestrahlte, die behandelt werden mussten. Es ist fast sicher, dass seine Lichtgeräte auch UV-Strahlen enthielten. Man weiß von Babbit, dass er auch mit besonntem Wasser arbeitete – Wasser, das durch verschieden farbige Filter bestrahlt und dann von den Patienten

Die Arbeit der Farbtherapeuten zeigt, dass die Farbe der Wände zu Hause und in öffentlichen Gebäuden auf die Stimmung und das Wohlbefinden der Bewohner wirkt. Es hat sich zum Beispiel gezeigt, dass warmes Orange (gegenüber) freudig stimmt.

getrunken wurde. Dinshah P. Ghadiali, der 1934 das dreibändige Werk *Spectro-Chrome Metry Encyclopaedia* herausbrachte, übertraf alles, was die Therapeuten vor ihm geleistet hatten. Wer Dinshahs Theorien zu Hause nachvollziehen will, ist mit diesen Büchern gut beraten. Er kombiniert Astronomie, Physiologie und Radiologie, um darzustellen, dass alle Gesetze dieser Wissenschaften letztlich verschiedene Ausdrucksformen von Schwingungsfrequenzen beschreiben.

Der ausgebildete Arzt Dinshah fand heraus, dass jedes chemische Element in erregtem Zustand charakteristische, klar umrissene farbige Bänder, spektrale Emissionslinien, ausstrahlt, die man in einem Spektroskop sehen kann, die sogenannten „Fraunhofer Linien". Wenn das erregte Element weißem Licht ausgesetzt wird, absorbiert es alle Frequenzen, die es zuvor ausgestrahlt hat.

Da er den Menschen als eine Verbindung von Elementen betrachtete, erkannte Dinshah, dass der menschliche Körper auf dieselbe Weise bestimmte Lichtfrequenzen absorbiert und ausstrahlt. Er entwickelte zwölf farbige Filter, die dem Körper entsprachen, und erzielte damit spektakuläre Heilerfolge. Er wählte folgende Farben aus: Rot, Orange, Gelb, Zitronengelb, Grün, Türkis, Blau, Königsblau, Violett, Purpur, Magenta und Scharlachrot. Das gefilterte Licht wurde von einem Projektor auf den entsprechenden Körperteil gestrahlt oder, wie Dinshah sagte, „getönt". Nach Jahren der Erfahrung faßte er die Grundsätze zusammen, nach denen Therapeuten die notwendigen Farben bestimmen konnten. Zum Beispiel nahm er Purpur, Scharlachrot und Magenta gegen Krankheiten des Herzens und der Sexualorgane. Königsblau half bei der Behandlung von Schmerzen, Verletzungen und Blutungen.

Dinshah begann 1920 mit seiner Arbeit. Bereits 1926 waren eingefleischte Kliniker von der Wirksamkeit seiner Filter überzeugt, und er erhielt viermal die Ehrendoktorwürde. Die Chefchirurgin vom Philadelphia Hospital unterstützte seine Arbeit mit der Feststellung: „Ich kann mit Farben schnellere und genauere Ergebnisse erzielen als mit jeder anderen Methode." Die Farbtherapie war erfolgreich bei Verstauchungen, Blutergüssen und Prellungen, bei Entzündungen, Herzschäden, Asthma, Heuschnupfen, Hornhautgeschwüren, Augenentzündungen, Glaukom und Grauem Star.

Dinshah behauptete, dass Krankheiten in der Aura sichtbar seien. Er erfand ein Gerät mit einem automatischen Zeitschalter für zu Hause, das „Aluminium Spectro Chrome", so dass jeder seinen Körper selbst bestrahlen konnte.

Doch schließlich geriet Dinshah mit seinen Methoden in Konflikt mit der Schulmedizin. Nachdem ihn eine der heutigen US-Food and Drug Administration (FDA) entsprechenden Organisation jahrelang verfolgt hatte, wurde Dinshah, der in Philadelphia praktizierte, der Gebrauch seiner Lichtfilter schließlich verboten. Heute ist es genau genommen in den USA immer noch illegal, von Farbtherapie zu sprechen.

## Farbe in Klassenzimmern

Bis jetzt haben wir die Anwendung der Farbtherapie mit dem Gebrauch bestimmter Geräte verbunden. Doch natürlich haben wir auch die Möglichkeit, die Wände unseres Zuhauses und unserer Arbeitsräume farbig zu gestalten. Dr. Harry Wohlfarth und seine Mitarbeiterin Catherine Sam erforschten in einer Schule für behinderte Kinder in Edmonton, Alberta, die Wirkung von Vollspektrum-Lampen in Kombination mit in warmen Farben gestrichenen Wänden. Sie stützten ihre Theorie zum einen auf Freud, der bemerkt hatte, dass Traumata das Sichtfeld einschränken, und auf H. Ertel, einen deutschen Forscher, der herausfand, dass helle warme Farben wie Gelb und Orange den Intelligenzquotienten und die Leistungen von Schulkindern steigern.

Ein Klassenzimmer in Edmonton wurde warm gestrichen und mit Vollspektrum-Lampen ausgestattet. Verhalten und Gesundheitszustand der Kinder wurden vor und nach dem Experiment aufgezeichnet. Nachdem sie das Zimmer eine Zeitlang benutzt hatten, fiel der systolische Blutdruck um durchschnittlich 20 Einheiten und das Verhalten hatte sich enorm verbessert. Als die Vollspektrum-Lampen entfernt und normale Neonröhren angebracht wurden, verschlechterte sich die Mitarbeit allmählich und der Blutdruck stieg. Erstaunlicherweise wurden dieselben Ergebnisse bei blinden und sehenden Kindern erzielt.

Die Tests wurden an vier anderen kanadischen Schulen über ein ganzes Schuljahr wiederholt: Die Kontrollschule, die kein Vollspektrum-Licht erhalten hatte und nicht farbig gestaltet worden war, schnitt am schlechtesten ab. Die besten Ergebnisse erzielte eine Schule mit Vollspektrum-Licht und farbiger Gestaltung der Zimmer.

Eltern leiden heute vermehrt unter der Hyperaktivität ihrer Kinder. Ein Grund ist die hohe Feldstärke niederfrequenter elektrischer Felder von Fernsehgeräten, Stereoanlagen, Computern und anderen Geräten, die im Schlafzimmer der Kinder gemessen wurde. Barbara Meister Vitale, eine bekannte Expertin auf diesem Gebiet, empfiehlt, farbigen Filz in das Kinderzimmer zu hängen, um die Hyperaktivität zu reduzieren und die Aufmerksamkeitsspanne zu verlängern. In ihren Experimenten zeigte Rot die beste Wirkung.

Eine andere Richtung empfiehlt das Tragen farbiger Brillen. 1988 zeigte die kalifornische Psychologin Helen Irlen in der US-Fernsehsendung Sixty Minutes, wie lernbehinderte Kinder, die nicht lesen konnten, durch das Tragen von farbigen Brillen plötzlich flüssig lasen. Welche von Irlens 140 verschiedenen farbigen Brillen passt, muss man ausprobieren. Hier kann noch viel geforscht werden, doch die Ergebnisse sind im Großen und Ganzen ermutigend.

Farben führen indirekt zu meinen wissenschaftlichen Forschungen im Laboratorium über die endogenen Felder organischen Lebens. Wir entdeckten, dass diese Felder die Fähigkeiten der Lymphozyten und damit die Gesundheit und das Wohlbefinden stark beeinflussen. Farben – in Form von elektromagnetischer Energie einer bestimmten Frequenz im sichtbaren Lichtspektrum – wirken unmittelbar auf die endogenen Felder des Körpers ein, denn elektrische Felder addieren und stören sich gegenseitig. Deshalb wirkt die elektrische Komponente einer Farbe ganz spezifisch auf das endogene elektrische Feld jedes Lebewesens. Gegenwärtig existiert kein einziges Gerät, das die komplizierten endogenen Felder des Gehirns gleichzeitig analysieren kann, denn sie setzen sich aus vielleicht 30 000 interhemisphärischen Strängen zusammen, die zu jeder Zeit elektrische Felder produzieren, um Botschaften im Körper zu übermitteln. Wenn man diese mit Farben bestrahlt, zeigen sich klare körperliche Wirkungen, doch darüber hinaus können die feinen Energien der Farben Krankheiten auch ganz direkt beeinflussen.

Therapeuten wie Dr. Richard Gerber behaupten, dass es eine Verbindung zwischen bestimmten Farben und den Chakras gibt – den metaphysischen Energiezentren des Körpers. Er glaubt, dass die Chakras durch die Anwendung der entsprechenden Farben (siehe Tabelle unten) ins Gleichgewicht gebracht und geheilt werden können. Als Biologe fühlte ich mich mit diesem Gedanken zuerst nicht wohl, weil Wissenschaftler gern alles messen und definieren. Ich würde es begrüßen, wenn wissenschaftliche Studien diese Theorien bestätigen würden. Erstaunlicherweise gehen einige Naturwissenschaftler diesem Thema bereits nach.

| **Farbe** | **Chakra** | **Energien** | **Krankheiten** |
|---|---|---|---|
| Violett | Krone | Höheres Selbst | Geisteskrankheiten |
| Königsblau | Zirbeldrüse | Vision | Augenkrankheiten |
| Blau | Kehle | Selbstausdruck | Schilddrüse, Kehle |
| Grün | Herz | Innere Harmonie | Herz, Bluthochdruck |
| Gelb | Solar Plexus | Intellekt | Magen, Leber |
| Orange | Milz | Assimilation | Lungen, Nieren |
| Rot | Wurzel | Vitalität, Kreativität | Blutkrankheiten |

Farbtherapeuten glauben, dass jedes Chakra oder Energiezentrum des Körpers mit einer bestimmten Farbe verbunden ist (links). Krankheiten oder Unausgeglichenheit werden entweder durch die physische Aufnahme der entsprechenden Farbe durch Augen und Haut oder mental durch Meditation und Visualisierungstechniken behandelt.

# Helles Licht in Ihrem Zuhause

„Ehre sei Gott für die bunten Dinge, für den vielfarbigen Himmel, so scheckig wie eine Kuh...", schrieb der Dichter Gerard Manley Hopkins und betonte damit unsere Faszination für Licht und Schatten, Schattierungen, Farben und Kontraste. Der ökologisch bewusste Autor und Architekt David Pearson sagt in dem Klassiker *New Natural House Book,* dass natürliches Licht nie gleich ist: Das sanfte, diffuse Licht eines nebligen Morgens steht neben den scheckigen Mustern, die die Sonne auf Blätter malt. Wenn Sie Ihrer Gesundheit und Ihrer Seele etwas Gutes tun wollen, versuchen Sie, so viel natürliches Licht wie möglich in Ihr Zuhause zu lassen.

Vielleicht hat Ihr Haus oder Ihre Wohnung nur Fenster an der Vorder- und Rückseite, doch wenn Sie ausbauen sollten, könnten Sie andere Fenster wählen. Erkerfenster, Dachfenster und Oberlichter (wie hohe schmale Kirchenfenster) machen einen Raum heller und geräumiger. Dieselbe Wirkung haben gegenüberliegende Fenster. Wenn Sie neue Fenster einbauen, dann sollten sie einen Sinn erfüllen, etwa Morgensonne in die Küche oder Abendlicht ins Wohnzimmer lassen.

Große Fenster, die bis zur Decke reichen, können einen Raum groß und luftig machen, doch Sie sollten dabei die Wärmedämmung nicht aus dem Auge verlieren – große Fenster sind kälter. Ein kleines Zimmer wird durch einen Balkon viel größer, und auch die Pflanzen werden davon profitieren. Eine andere Möglichkeit sind Wintergärten. Schon die Römer nutzten sie, denn in diesem mit Pflanzen gefüllten Raum zwischen drinnen und draußen kann man sich wunderbar entspannen. Die neue Architektur lässt sie hinreißend aussehen, besonders, wenn Sie süß duftende Pflanzen hineinstellen.

Tiefer gelegene Wohnungen, die immer dunkler sind, können mit der Lichtröhre – einem winzigen röhrenförmigen Oberlicht mit einem verspiegelten Schacht, der das Tageslicht in dunkle Ecken lenkt (siehe Seite 155) – heller gemacht werden. Sie ist nicht schwer anzubringen und kann die Lichtmenge in einem finsteren Teil des Hauses deutlich vermehren.

Große Oberlichter im hohen Dach machen dieses Studio zu einem lichtvollen Raum (gegenüber). Die Forschung zeigt, dass trübes Licht depressiv und lethargisch macht – ein Grund mehr, Ihr Zuhause und Ihren Arbeitsplatz so sonnig und hell wie möglich zu gestalten.

TUNTURI

# Machen Sie das Beste aus der Sonne

Ein goldener Lichtstrahl aus einem Dachfenster belebt dieses dunkle, enge Treppenhaus. Wenn Licht in dieser Weise genutzt wird, ist seine gestalterische Wirkung fast künstlerisch.

Wenn Sie über die Räume in Ihrem Zuhause frei verfügen können, sollten Sie die Sonne möglichst ausnutzen. Die Fenster von Schlafzimmern und Frühstücksräumen sollten zum Beispiel nach Osten in Richtung der aufgehenden Sonne zeigen, während Sie in Küchen, Wohnzimmer und Spielzimmer das Licht am besten am späten Morgen, Nachmittag und frühen Abend nutzen können.

Wenn Sie zu Hause arbeiten, braucht Ihr Arbeitsplatz in der Tagesmitte natürliches Licht. Ein Studierzimmer, das meist abends benutzt wird, kann auf der dunkleren Nordseite des Hauses liegen. Vorratsräume und Garagen sollten auf der kühleren, dunkleren Hausseite liegen, und wenn sie an ein Gebäude angebaut werden, dienen sie zusätzlich der Isolierung.

David Pearson schlägt Ihnen folgende Punkte vor, damit Sie das verfügbare Sonnenlicht bestmöglich auszunutzen:

• Sorgen Sie dafür, dass Sie die Menge an natürlichem Licht steigern. Die Fensterbänke sollten hell sein, damit sie viel Licht ins Zimmer reflektieren. Streichen Sie Gartenmauern oder Mauern in der Nähe von Fenstern hell. Legen Sie einen Teich an, und beschneiden Sie Bäume und Büsche, damit sie nicht zu viel Licht abhalten.

• Schaffen Sie in den Zimmern Oberflächen, die das Tageslicht reflektieren. Wählen Sie helle Möbel und Teppiche, und hängen Sie Spiegel auf.

• Halten Sie Ihre Fenster sauber und frei, damit das Licht hineinströmen kann. Raffen Sie die Vorhänge, damit sie die Fensterfläche nicht einschränken.

• Wenn Sie auch im Winter möglichst viel Licht wollen und im Sommer doch Schatten brauchen, pflanzen Sie Laubbäume, Büsche und Kletterpflanzen neben die Fenster, die im Winter ihr Laub abwerfen.

Wenn Sie die Bausubstanz nicht ändern können, konzentrieren Sie sich auf die Gestaltung der Innenräume, damit Ihr Zuhause heller wirkt. Es hilft schon, wenn Sie die Wände mit gedecktem Weiß streichen (brillantes Weiß könnte steril und klinisch wirken). Genauso wirkt es, wenn Sie helle Holzdielen verlegen, dunkle, unattraktive Möbel weiß anstreichen oder eine helle Decke darüber legen. In Skandinavien mit seinen dunklen Wintern ist die Innenausstattung der Häuser mit hellem Holz beispielhaft für dieses Prinzip.

Spiegel können das Licht im Zimmer erstaunlich verändern. Hängen Sie diese in die seitliche Einfassung der Fenster (der vertikalen Seitenwand im Winkel zur angrenzenden Wand) oder an die Wände gegenüber den Fenstern, und Sie werden sehen, dass sie die Atmosphäre völlig verändern. In langweiligen Räumen sorgen kleine Spiegelmosaiksteinchen für Bewegung und Glanz.

## Die Lichtqualität

Wenn unser Wohnort auf einem hohen Breitengrad liegt oder sehr schattig ist, sehnen wir uns nach Licht, doch wir dürfen nicht vergessen, wie wichtig der Kontrast ist. Licht und Schatten, Sonne und Mond, das Morgen- und das Abendlicht sind unterschiedlich intensiv, durch die Vielfalt werden sie interessant. Wenn wir Licht richtig einsetzen, können wir auch zu Hause natürliche Lichteffekte schaffen.

Direktes, gespiegeltes und diffuses Licht hat unterschiedliche Eigenschaften. Direktes Licht ist am stärksten. Es wirft scharfe Schatten und blendet. Stellen Sie sich vor, Sie laufen oder fahren in der frühen Morgensonne nach Osten und schauen ins Licht – dann ist es direkt. Gespiegeltes Licht ist weicher, wird von Oberflächen drinnen oder draußen zurückgeworfen und trägt die Färbung seiner Spiegelfläche. Die Sonne, die einen blühenden Magnolienbaum vor dem Fenster bescheint, taucht den Raum in ein sanftes frühlingshaftes Rosa. Diffuses oder gefiltertes Licht ist am weichsten und wirft fast keine Schatten, weil es durch einen Filter wie einen Wandschirm oder einen Vorhang scheint, wie zum Beispiel Abendlicht, das durch eine dünne Zeltwand fällt.

Denken Sie daran, dass direktes Sonnenlicht Stoffe und Bilder ausbleicht. Lassen Sie nicht zu, dass die Sonne Ihre teuren Vorhänge oder Teppiche in Staub verwandelt! Lieben Sie die Sonne in Ihrem Zuhause, doch respektieren Sie ihre Kraft. Hängen Sie Bilder nie direkt ins Licht! Ein Kunstmuseum in Edinburgh zeigt seine Aquarelle von Turner zum Beispiel nur im lichtschwachen Monat Januar.

Passen Sie zu Hause die Lichtqualität der Raumfunktion an. Küchen, Treppenhäuser und Wintergärten brauchen helles, direktes Licht, damit sie sicher sind und die Pflanzen wachsen können. Doch Wohn- und Esszimmern bekommt gespiegeltes oder diffuses Licht besser, da es eine sanfte, einladendere Atmosphäre schafft.

In vielen älteren Wohnungen hängt nur eine inflexible, wenig attraktive Lampe pro Zimmer an der Decke. Glücklicherweise haben wir heute eine große Auswahl an Lampen wie Deckenstrahler, Spotlights, Halogenlampen und Dimmer. Kerzen bringen sofort Atmosphäre, doch man muss sie beaufsichtigen. Vollspektrum-Röhren oder -birnen (blau und gelb) passen heute in alle Lampen und sparen sogar noch Energie. Sie halten Sie munter und wach, sind unverzichtbar für Bastler und können sogar das Prämenstruelle Syndrom lindern.

Idealerweise sollte ein Zimmer mit verschiedenen Lichtquellen ausgestattet sein. Arbeits- oder Studierzimmer brauchen Strahler oder Schreibtischlampen, während Sitzecken mit einer Tisch- oder Bodenlampe mehr Atmosphäre bekommen. Mit der entsprechenden Beleuchtung erzielen schöne Bilder oder Dekorationen sofort Wirkung, und dunkle Ecken können mit sanftem Licht aus ihrem Schlaf geweckt werden.

Experimentieren Sie einfach! Finden Sie die Kombination von Lichtquellen, die Ihnen und Ihrer Familie zusagt. Denken Sie kreativ, und Sie werden Ihr Zuhause rasch verschönern und dabei Ihr Augenlicht schonen.

Spiegel und andere glänzende Oberflächen werfen Licht zurück und lassen den Raum heller und geräumiger wirken. Solche Dekorationsmittel sind in einem Badezimmer ideal, wo gutes Licht wichtig ist (gegenüber).

# Heilen mit Licht

Licht ist lebenswichtig für die Gesundheit des menschlichen Körpers und sein Immunsystem, und das Bewußtsein dafür, dass Licht als Teil ausgeklügelter Therapien Krankheiten heilen kann, wächst stetig. Der Pionier der Lichttherapie, Jacob Libermann, sagt: „Licht ist die Medizin der Zukunft. Wir heilen uns mit derselben Essenz, die wir sind.“ Diese neue Einstellung gegenüber der Gesundheit nutzt eher die energetische Natur des Lichts und Schwingungstechniken und -technologien als Chemikalien, um die körpereigenen endogenen Felder und ihre Ausstrahlung wieder ins Gleichgewicht zu bringen. All diese Techniken beruhen auf der grundsätzlichen Überzeugung, dass Krankheiten dadurch entstehen, dass die natürliche Schwingungsenergie, die wir alle abstrahlen, verändert oder nicht im Gleichgewicht ist. Heilung bedeutet, dieses Gleichgewicht wiederherzustellen.

Es überrascht nicht, dass die pharmazeutischen Konzerne diese Sicht nicht teilen und behaupten, dass Gesundheit nur durch chemische Mittel – durch Medikamente – wiederhergestellt werden kann. Weil aber so viele Studien das Gegenteil beweisen, beginnt sich diese Haltung zu wandeln. In meinem Laboratorium bewiesen wir als Erste, dass die Lebensfähigkeit weißer Blutzellen, die uns vor Infektionen verteidigen, durch das endogene elektrische Feld ihres Besitzers geschützt wird. Die endogenen Felder anderer Menschen haben diese Wirkung nicht. Ohne die endogenen Felder, die im Herzen und im Gehirn entstehen, würde unser Körper bald Infektionen und anderen Krankheiten erliegen.

Man könnte daher Gesundheit als Zustand definieren, in dem alle Körperzellen kompetent und gut funktionieren, wobei die Zellen durch das endogene elektrische Feld des Körpers organisiert werden. Jedes elektrische Feld kann ein anderes beeinflussen. Das elektrische Feld des Sonnenlichts wirkt positiv, wenn wir die richtigen Komponenten wählen. Die erhöhte Krebsrate bei Kindern, die neben Hochspannungsleitungen aufwachsen, lässt jedoch darauf schließen, dass schädliche elektrische Felder ernste Konsequenzen für die Gesundheit haben.

# Die Aura und die Lichttherapie

Dieses Foto wurde mit der Polycontrast-Interference-Photography-Technik (PIP) aufgenommen, die der britische Wissenschaftler Harry Oldfield erfand. Das Bild zeigt die Aura oder das endogene Feld, das den Körper umgibt, und hat sich als wertvolle Hilfe bei der Diagnose von Störungen im Körper erwiesen.

Das Konzept der Aura ist schon lange eine Grundlage der Energiemedizin. Sie dient als Schutzhülle, die unter bestimmten Umständen von schädlichen Kräften überwunden werden kann. Naturwissenschaftler ergreifen die Flucht, wenn sie Worte wie „Aura" nur hören. Wenn man ganz vorsichtig über endogene Felder spricht, beruhigen sie sich etwas. Erklären Sie Ihnen, dass der Herzschlag von elektrischen Feldern kontrolliert wird, erwähnen Sie, dass das EEG Gehirnwellen aufzeichnet, dann werden Naturwissenschaftler vielleicht schüchtern nachfragen.

1911 riskierte Dr. Walter Kilner (der den berühmten Kilner-Krug zur Haltbarmachung von Früchten erfand) seine Position als Direktor der Röntgenabteilung des St. Thomas Hospitals in London, indem er ein ketzerisches Buch mit dem Titel *The Human Atmosphere or the Aura made Visible with the Aid of Chemical Screens* veröffentlichte. Darin sagt er, vom menschlichen Körper gehe eine Ausstrahlung aus, die man mit Spezialbrillen, welche das ultraviolette Spektrum sichtbar machten, sehen könne. Diese Brillen haben doppelte Gläser, zwischen denen sich ein in Alkohol gelöster flüssiger Farbstoff namens Dicyanin befindet.

Laut Kilner besteht die Ausstrahlung aus drei Zonen:
• einer dünnen, dunklen Schicht nahe der Haut;
• einer dunstigen Schicht mit Strahlen;
• einer schwach sichtbaren Außenschicht von etwa 15 cm Durchmesser und unterschiedlicher Dichte und Farben.

Kilner fand heraus, dass diese Schichten je nach Alter, Geschlecht, mentaler Energie und Gesundheitszustand variierten. Er ging so weit, sie für die Diagnose von Krankheiten wie Hepatitis, Blinddarmentzündung, Krebs, Epilepsie und psychiatrischen Erkrankungen heranzuziehen. Man kann die Kilner-Brille heute noch kaufen, selbst per Internet, doch sie wird in der Schulmedizin nicht eingesetzt.

Ich habe die Hypothese, dass das, was Aura genannt wird, in Wirklichkeit das endogene Feld des Körpers ist. Es ist nicht leicht, die Existenz dieses endogenen Felds auf eine Weise nachzuweisen, die Naturwissenschaftler akzeptieren. Meiner Frau Tamara, einer Mikrobiologin, und mir ist es in unserem Laboratorium gelungen, den Beweis mit einem Experiment anzutreten, das jetzt, während ich schreibe, in vielen anderen Instituten wiederholt wird.

## Ein revolutionäres Experiment

Jedes Lebewesen gibt einen Cocktail elektromagnetischer Strahlung ab, und Menschen machen keine Ausnahme. Es macht Sinn, dass darin UV-Strahlen enthalten sind, weil UV-Licht schädliche Bakterien vernichtet. Wenn die Konzentration dieser UV-Strahlung abnimmt, haben Bakterien (oder andere Schadstoffe) größere Chancen, die Körperabwehr zu überwinden.

In unserem Experiment nahmen wir eine kleine Menge peripheren Bluts von einem Spender und isolierten die weißen Blutzellen oder Lymphozyten, die verantwortlich für die Immunabwehr sind. Wir legten eine Kultur an und verteilten sie zu gleichen Teilen auf drei genau gleiche Röhrchen. In ein Röhrchen steckten wir einen Golddraht und legten diesen auf die Haut des Spenders. In ein zweites Röhrchen steckten wir ebenfalls einen Golddraht, doch diesen versiegelten wir in dem Gefäß, und das dritte Röhrchen enthielt nur die Kultur. Die drei Röhrchen legten wir in ein kleines Metallkästchen, um andere Strahlungen auszuschließen, und dieses Kästchen klebten wir dem Spender über Nacht an den Arm.

Am nächsten Tag fanden wir, dass die Zellen, die durch den Golddraht Signale vom Spender erhalten konnten, signifikant mehr Lebenskraft zeigten als jene in den beiden anderen Röhrchen. Wir wiederholten dieses Experiment mehr als ein Dutzend Mal, immer mit demselben Ergebnis. Als wir eine andere Person als den Spender mit dem Röhrchen verbanden, blieb die Wirkung aus. Obwohl das endogene Feld des Spenders im Körper wahrscheinlich viel stärker ist als auf der Haut, ist es bei jedem Menschen genauso einzigartig wie seine DNS, denn die Signale keines anderen Menschen zeigten eine schützende Wirkung.

So waren wir die ersten Wissenschaftler, die unmißverständlich bewiesen, dass die Lebenskraft der weißen Blutzellen von den endogenen elektrischen Feldern der Besitzer dieser Zellen erhalten wird. Unser Experiment schloß aus, dass chemische Felder oder Magnetfelder für die Schutzwirkung verantwortlich waren; es kamen nur die elektrischen Felder in Frage. Daher behaupten wir, dass die endogenen Felder und nicht die Einnahme von Stoffen wie Medikamente für die Gesundheit der Zellen zuständig sind. Ohne diese endogenen Felder, die im Gehirn und Herzen, ja vielleicht in den Zellen entstehen, würde unser Körper rasch Infektionen und Krankheiten erliegen, die zumindest teilweise durch elektromagnetische Felder entstehen.

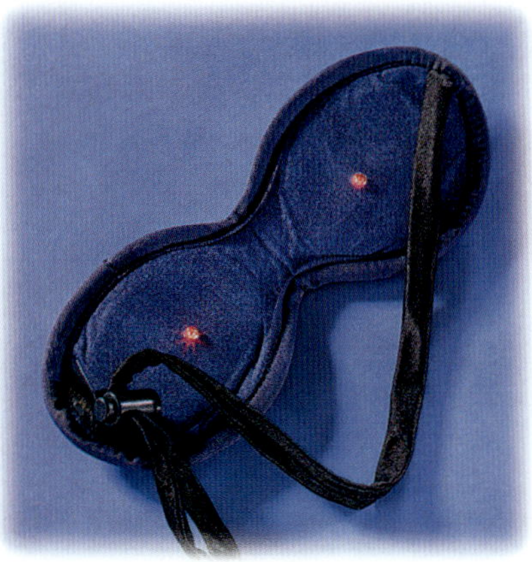

Die Lichtmaske, die flackerndes Licht direkt in die Augen strahlt, wirkt gut gegen Prämenstruelles Syndrom (PMS) und Migräne. Die Forschung zeigt, dass die Körperuhr von PMS-Kranken in ihrem normalen Zirkadian-Rhythmus gestört wird. Das Licht in der Maske hilft dem Körper, die Uhr wieder richtig einzustellen.

## Heilen mit Licht

Das Sonnenlicht besteht aus Gammastrahlen, Röntgenstrahlen, UV-Licht, sichtbarem Licht und hoch energetischer kosmischer Strahlung. Wenn man bedenkt, wie diffus diese Strahlenmischung ist, klingt der Vorschlag vernünftig, nur die Strahlen auszuwählen, die bestimmte heilende Eigenschaften haben. Aus dieser Erkenntnis heraus wurde eine große Vielfalt an therapeutischen Geräten entwickelt, die je nach Bedarf Lichtfrequenzen und Licht-ähnliche Frequenzen abgeben.

Ein einfaches Gerät ist die Lichtmaske, die Dr. David Noton vom Hammersmith Hospital in London entwickelte. Die Maske sieht aus wie die Schlafmasken, die man in Flugzeugen trägt, außer, dass in ihr rote Lichter flackern.

Bei einer Tragedauer von 15 bis 30 Minuten täglich hat sich diese Maske als außerordentlich wirksam gegen Migräne und Prämenstruelles Syndrom (PMS) erwiesen. Noton erforschte die Wirkung der Lichtmaske bei der Behandlung von PMS und veröffentlichte die Ergebnisse 1998 im *Journal of Obstetrics and Gynacology*. Die Patientinnen wurden drei Monate mit der Lichtmaske behandelt. Von den 17 Frauen litten danach 12 nicht mehr an PMS, bei drei Frauen hatte sich der Zustand verbessert, eine beendete den Versuch vorzeitig und bei einer zeigten sich keine Veränderungen. Eine Studie mit Migränepatienten brachte ähnlich deutliche Ergebnisse.

Auch das Photron wurde erst vor kurzem entwickelt. Dieses Gerät sendet sanft flackernde, farbige Röhrenblitze in die Augen der Patienten, wobei die Farbe entsprechend ausgewählt wird. Gegen posttraumatische Zustände wie frische Kriegserlebnisse oder Autounfälle wirken ruhige Farben wie Grün oder Blau am besten, während bei lange zurückliegenden Traumata Orange und Gelb vorzuziehen sind.

## Syntonics

Diese Technik benutzt gefiltertes farbiges Licht, verbessert das visuelle Feld des Patienten und kann das Immunsystem und den emotionalen Zustand unterstützen. Es wurde von dem amerikanischen Wissenschaftler Dr. Harry Riley Spitler entwickelt. Spitler wollte den Körper über die Augen behandeln und nutzte damit den kürzesten Weg zum Gehirn. Seine Forschung zeigt, dass sich farbiges Licht auf das Gleichgewicht im Körper und seine Funktionen auswirkt.

Dr. Spitler experimentierte während der zwanziger Jahre mit Hasen, die er zwar unter denselben Bedingungen in identischen Käfigen hielt, sie jedoch mit verschiedenen Farben bestrahlte. Bestimmtes Licht verursachte bei den Tieren Abnormitäten, und er schloß, dass Erbgut und Umwelt zwar die Hauptfaktoren für die Gesundheit seien, Licht aber die Funktionen, das Verhalten und die physiologischen Reaktionen beeinflussen könne. Demgemäß entwickelte Spitler 1927 das erste Lichtgerät für die Anwendung durch die Augen. Er nannte sein neues System „Syntonics" nach dem Wort „Syntony" – Gleichgewicht –, weil es das autonome Nervensystem ins Gleichgewicht brachte.

Spitlers College of Syntonic Optometry ist heute, 70 Jahre später, ein viel besuchtes Institut. Hunderte von Amerikanern, Australiern und Europäern lassen sich dort ausbilden. Bei einer syntonischen Behandlung sitzt der Patient in einem dunklen Raum vor einer feststehenden Lampe, die farbiges Licht einer bestimmten Frequenz ausstrahlt. Eine Behandlung dauert etwa 20 Minuten und wird üblicherweise drei Wochen lang einmal wöchentlich wiederholt.

Als man herausfand, dass der Verlust des visuellen Feldes die Lernkapazität einschränkt und 69 Prozent der Kinder mit Leseschwäche eine messbare Vergrößerung des blinden Flecks, des Punktes, wo der optische Nerv die Netzhaut verlässt, aufweisen, erzielte Syntonics spektakuläre Erfolge. Täglich eine Behandlung von 20 Minuten mit gelb-grünem und rubinfarbenem Licht kann das auditive Gedächtnis und die Sehleistung drastisch verbessern.

## Reinigendes Licht

Wie die Arbeit von Downes und Blunt zeigt (siehe Seite 92), wirkt Licht gegen Bakterien. In den dreißiger Jahren erforschten der Arzt Emmitt Knott und sein Kollege Virgil Hancock die Bestrahlung von Blut, wobei sie eine umgebaute, Wasser gekühlte Hanovia-UV-Lampe benutzten. Es gelang ihnen, bakteriell infiziertes Blut zu desinfizieren und in den Körper zurückzuführen. Diese Technik war außerordentlich erfolgreich.

Ich las in der Literatur über Tausende von erfolgreichen Behandlungen bei Sepsis, wo alle anderen Mittel versagt hatten, bis etwa um 1950 kritische Artikel auftauchten und die Technik durch den Siegeszug der Antibiotika vollkommen verschwand. Da einige Antibiotika heute nicht mehr wirken, weil die Keime resistent geworden sind, ist Blutbestrahlung wieder im Gespräch. In St. Petersburg erzielte Professor Kira Samoilova, die Chefin der Fotobiologie von der russischen Akademie der Wissenschaften, Erfolge bei der Behandlung von Lungen-, Darm- und Brustkrebs und bei Magengeschwüren. Die Food and Drug Administration in den USA hat der Anwendung von Blutbestrahlung bei der Behandlung von Infektionskrankheiten in 120 Kliniken zugestimmt. Bei der Behandlung fließt etwa 5 Prozent des Bluts ein- oder zweimal täglich solange wie nötig durch das Bestrahlungsgerät.

Syntonics war die erste Therapie, bei der dem Patienten Licht direkt in die Augen geleuchtet wurde (gegenüber). Eine Behandlung steigert nicht nur die Sehleistung des Patienten, sondern stärkt auch sein Immunsystem.

Gelbsucht bei Neugeborenen wird durch zu viel Gallenpigment oder Bilirubin im Blut hervorgerufen. Sie ist sehr verbreitet und geht normalerweise in wenigen Tagen vorbei. Einige Babys brauchen jedoch eine Lichtbehandlung (nächste Seite). Das Kind wird in einen Inkubator unter blaues Licht gelegt. Dadurch zerfällt das Bilirubin und wird vom Körper ausgeschieden.

# Botschaften in Lichtstrahlen

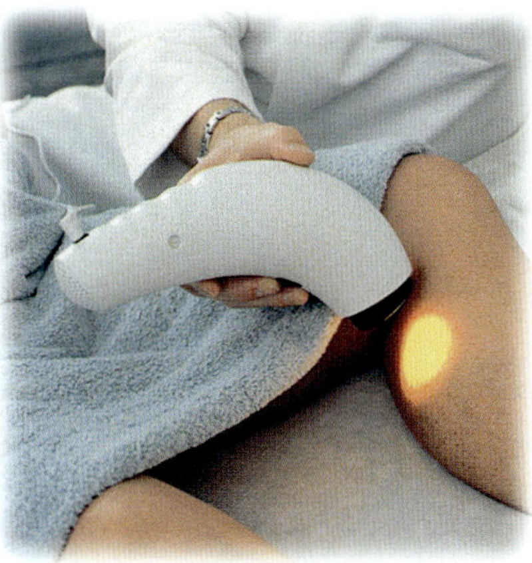

Das Bioptron-Gerät aktiviert und regeneriert die Körperzellen durch polarisiertes Licht. Dadurch wird das Immunsystem gestärkt und der Körper kann sich ins Gleichgewicht bringen und heilen. Bioptron ist bei der Behandlung von schweren Verbrennungen außerordentlich wirksam.

Wenn wir an Sonnenlicht denken, stellen wir uns vor, es käme in geraden Linien auf die Erde wie die Lichtstrahlen, die wir durch Blätter auf eine Lichtung fallen sehen. Doch ein Spaziergang in der Sonne kann uns blenden, denn tatsächlich kommt das Licht von überall her. Wenn sich ein feines Gitter zwischen Lichtquelle und Augen befindet, blendet die Sonne nicht mehr: Das Licht ist jetzt polarisiert und erreicht die Augen nur noch aus einer Richtung. Es gibt Sonnenbrillen, die dieses Prinzip nutzen, um die Augen vor Blendung zu schützen. Die Entdeckung polarisierten Lichts ist überhaupt nicht neu – man kann jede elektromagnetische Strahlung polarisieren.

Zwei Wissenschaftler, John Stephenson aus Surrey in Südostengland und Dr. Marta Fenyo aus Budapest, haben herausgefunden, wie man polarisiertes Licht beim Heilen einsetzt. Sie benutzen eine Kombination aus polarisiertem Licht und Vollspektrum-Licht, welches die Frequenzen von normalem Sonnenlicht nachahmt. Das Verteidigungsministerium, das dieses künstliche Tageslicht testete, fand heraus, dass es damit 70 Prozent weniger Kopfschmerzen, müde Augen und Sehprobleme gab.

Doch das ist nur der eine Teil der Geschichte. Viele Jahre zuvor entdeckte Dr. Fenyo, dass polarisiertes Licht das Immunsystem stärkt und Beingeschwüre heilen kann. Am Nationalen Institut für Radiobiologie in Budapest prüften Dr. Fenyo und ihre Kollegin Dr. Tamara Kubasova polarisiertes Licht indirekt an Mäusen. Sie entnahmen einer Maus mit einem Tumor, die erfolgreich mit polarisiertem Licht behandelt worden war, Serum und injizierten es einer anderen Maus, die ebenfalls einen Tumor hatte. Die Maus wurde wieder gesund, und damit war bewiesen, dass der Polarisierungseffekt über das Blutserum übertragen werden kann.

Dadurch ermutigt, versuchte Dr. Fenyo eine andere Technik, dieses Mal an Hunden, die an Krebs schwer erkrankt waren. Sie nahm Blut von den Tieren, bestrahlte es mit polarisiertem Licht und injizierte es wieder. Die Tumoren gingen dramatisch zurück, und die Hunde wurden viel munterer.

Die Liste der Erkrankungen, die erfolgreich mit polarisiertem Licht behandelt wurden, wird immer länger: Mastitis bei Vieh, Akne, Sportverletzungen und Psoriasis. Im Ganzen hat sie 20 000 Patienten mit polarisiertem Licht bestrahlt.

Das Bioptron-Gerät, das sichtbares, inkohärentes polarisiertes Licht (VIP) benutzt, funktioniert ganz ähnlich. Bioptron wird bei Akne, Herpes Simplex und äußeren Hämorrhoiden angewandt. Bei der Behandlung wird Licht, das aus sichtbarem kalten Licht und Teilen des Infrarotspektrums besteht, etwa zwei bis sechs Minuten lang auf das befallene Gebiet gestrahlt. Die Behandlung sollte ein oder zwei Mal täglich angewandt werden, bis Besserung eintritt.

Das Licht bewirkt eine Kettenreaktion. Es steigert die Aktivität der Zellmembran, die ihrerseits die Produktion von Enzymen und Energiereserven anregt. Gleichzeitig kann das Körpergewebe mehr Sauerstoff aufnehmen. Dadurch wird das Immunsystem gestärkt und kann besser reagieren.

## BICOM und Bioresonanztherapie

Am Hippocampus Forschungszentrum in Budapest erforschten Gabor Lednyiczky und seine Kollegen Möglichkeiten, körpereigene Felder zu Heilungszwecken einzusetzen. Lednyiczky behauptet, dass die Gesundheit zusammenbricht, wenn die Kommunikationswege eines Organismus ernsthaft gestört sind. Im Hippocampus-Institut wurde ein Instrument, das Cerebellum Multifunction Medical Instrument (CMMI), entwickelt, das den Zustand des Patienten aufgrund der elektrischen Signale von Aminosäuren, Proteinen, Lipiden, Enzymen und Hormonen diagnostiziert.

Die Wissenschaftler behaupten, dass sie nach der Analyse dieser Informationen mit Hilfe des BICOM-Geräts korrigierende Signale an den Körper zurückmelden, um das Ungleichgewicht zu beheben. Diese Therapierichtung wird Bioresonanztherapie oder BRT genannt, und das BICOM-Gerät wird von der Firma Brügemann in Deutschland hergestellt. Diese Therapie stützt sich auf den Gedanken, dass die Signale oder Schwingungen des Patienten elektromagnetischer Natur sind. Deshalb können sie durch Elektroden, die eine besonders präparierte Magnetfolie enthalten, deren Feldstärke der Erde entspricht, abgenommen werden.

Das BICOM filtert bekannte harmonische Frequenzen heraus, um die anormalen zu identifizieren. Über eine zweite Elektrode verstärkt ein Feedback-System die harmonischen Frequenzen und schwächt die disharmonischen durch Inversion ab – die Gipfel der disharmonischen Wellen des Patienten werden in die entsprechenden Wellentäler verwandelt und diese Information wird übermittelt. Die dabei eingesetzten Frequenzen sind sehr hoch – bis zur UV-Ebene von 30 Nanometern Wellenlänge – und schließen daher sichtbares Licht ein.

Hans Brügemann erkannte, dass der menschliche Körper ein offenes System ist, in das ständig Energie eindringt und wieder austritt. Er betonte, dass der Arzt G.B. Kirchhoff (1824–87) entdeckte, dass bei 37° Celsius die eintretende Strahlung (Absorption) der austretenden (Emission) entspricht. Mit anderen Worten nimmt der Körper ständig Energie auf und gibt Energie ab. Und gleichzeitig arbeitet unser eigenes, einzigartiges und lebenswichtiges Energiesystem.

Offensichtlich muss sich die Menge der eintretenden und austretenden Strahlung entsprechen, um die Körpertemperatur im Gleichgewicht zu halten, denn da der menschliche Körper ständig Nährstoffe verbrennt, würden wir an Überhitzung sterben, wenn wir von der Außenwelt isoliert wären.

Das Gleichgewicht der subtileren Energieströme muss ebenfalls erhalten bleiben. Wenn wir unsere Gesundheit erhalten wollen, brauchen wir das Sonnenlicht mit seinen besonderen Frequenzen. Auf der anderen Seite wirken die künstlichen elektrischen Energien, an die wir uns im Laufe der Evolution nicht gewöhnen konnten, schädlich. Es überrascht nicht, dass die Akupunkturpunkte, die Tore des Energieflusses, Licht in den Körper lenken können.

# Neues Gleichgewicht für den Körper

Eine weitere ausgleichende Heilmethode heißt Biolumanetics. 1983 entwickelte Patrick Richards dieses System und dazu ein Gerät, das er Luminator nannte, das die Lufttemperatur vom Boden bis zur Decke und von Wand zu Wand ausgleicht, um die Energie in Büros besser zu verteilen. Nach der Installation berichteten die Mitarbeiter, dass sich ihr Gesundheitszustand ganz allgemein verbessert habe und dass sie weniger an Rückenschmerzen und Migräne litten. Bei weiteren Forschungen entdeckte Richards, dass der Luminator nicht nur die Temperatur im Raum ausglich, sondern das Magnetfeld veränderte und inkohärentes Licht (das in alle Richtungen strahlte) in kohärentes Licht verwandelte.

Weitere Untersuchungen enthüllten die erstaunliche Tatsache, dass die Ausstrahlung von Lebewesen im Feld des Luminators sichtbar wird. Bei Biolumanetics wird dieser besondere Aspekt des Luminators genutzt. Alle Lebewesen geben Licht ab, und ein gesunder Mensch leuchtet heller und kohärenter als ein ungesunder. Die Diagnose beginnt bei Biolumanetics damit, dass der Patient mittels einer Fototechnik, die VRIC (Visual Reference of Image Coherence) genannt wird, in einem Raum mit einem Luminator fotografiert wird. Wenn das Foto den Patienten verschwommen zeigt, hat diese Person einen Verlust an Lebenskraft oder Kohäsion. Der Therapeut versucht, die Lebenskraft zu stärken. Das seiner Meinung nach passende Medikament wird dem Patienten in die Hand gegeben, während er noch einmal fotografiert wird. Wenn das Medikament passt, ist das Foto deutlich schärfer und kohärenter.

Eine der interessantesten Anwendungsmöglichkeiten der Biolumanetics-Therapie sind Beziehungsprobleme. Wenn zum Beispiel eine Frau extrem unter Stress steht, wird sie mit verschiedenen Fotos ihrer Familienmitglieder fotografiert. Ihre „Kohärenz" oder das Licht, das sie ausstrahlt, verändert sich deutlich bei jedem Foto, und so können sich verborgene Schwierigkeiten in der Familiendynamik zeigen.

Diese Bilderreihe einer Klientin, die mit Biolumanetics behandelt wird, zeigt, dass ihr Bild kohärenter wird, wenn sie das richtige Heilmittel hält (unten).

# Eine Kuppel aus Licht

In ihrem Zentrum in Kew in London unterhält Thrity Engineer eine der zehn Monocrom-Lichtkuppeln der Welt. Sie arbeitet mit einer Kombination aus Biolumanetics und dem Luminator und nennt ihr System die drei S – sachgerecht, subtil und sakral. Die Kuppel ist das Geistesprodukt des schwedischen Architekten Karl Ryber, von dem sie sich ausbilden ließ. Die Kuppel arbeitet mit monochromem Licht – Licht einer sehr engen Bandbreite von etwa 700 Nanometern. Das Licht ist rein – ein monochromes Grün ist zum Beispiel keine Mischung aus Blau und Gelb, sondern eine dem Laserlicht ähnlich reine Farbe.

Die Kuppel ist weiß und etwa 3 Meter hoch. Der Klient, der ein Gewand aus ungebleichter Baumwolle trägt, legt sich hinein. Die Tür wird verschlossen und die Behandlung beginnt. Monochromes Licht wird von starken Projektoren in die Kuppel gestrahlt und spielt mit allen Farben des Spektrums. Abhängig von der Krankheit und der Schwere des Zustands bestimmt der Therapeut die Farben, oder der Patient darf sie sich selbst aussuchen. Aufgrund der Kuppelform wirken die Proportionen unendlich, und so fühlt sich der Patient, als schwebe er in einer Welt aus Farben. Die Augen können sich nicht konzentrieren, da es nichts gibt, was sie fokussieren könnten, der Gehirnpuls verlangsamt sich und das Gehirn erreicht den ruhigen Alphazustand. Eine normale Sitzung dauert 15 Minuten, und zwischen den Behandlungen sollte man drei bis vier Wochen verstreichen lassen.

Die Monocrom-Lichtkuppel kann viele Störungen effektiv behandeln, einschließlich Stress. Dieser Patient wurde durch Biofeedback-Fotografie vor der Behandlung abgebildet (oben) und kurz danach (gegenüber). Die Veränderung ist deutlich, doch sie findet nicht auf einer bewussten, sondern auf einer unbewussten Ebene statt.

Die Forschung im Institut für Laserbiologie in Moskau zeigte, dass monochromes Licht den Zellkern erreicht und den Körper auf tiefster Zellebene aufweckt. Die Behandlung in der Kuppel wirkt außerordentlich gut bei Phobien, Depressionen, SAD und anderen, Stress bedingten Erkrankungen. Ich glaube, dass nur die Frequenzen, die der Körper braucht, von der Haut aufgenommen werden, doch dadurch, dass im Vollspektrum-Licht das gesamte Spektrum angeboten wird, können Frequenzen, die nicht zur Verfügung standen, jetzt absorbiert und damit das Gleichgewicht des Körpers wiederhergestellt werden.

# Photodynamische Therapie

Die grünen Blätter einer Pflanze enthalten Chlorophyll, das aus Sonnenlicht Zucker (Saccharose) herstellt, wobei als Nebenprodukt Sauerstoff abfällt. Chlorophyll absorbiert in hohem Maße rotes und blaues Licht; Grün dagegen wird reflektiert. Dafür verantwortlich ist ein Molekül, das aus vier Stickstoffatomen besteht, die ein Quadrat bilden. Darin ist ein Eisenatom eingeschlossen – und diese Verbindung wird Porphyrin genannt. Das Porphyrin im Chlorophyll verwandelt Licht in elektrische Energie.

Eine der aufregendsten Lichtbehandlungen ist die photodynamische Therapie oder PTD, die hohe Erfolge bei der Behandlung bestimmter Krebsarten hat. Sie wird auch bei Hautkrankheiten wie Akne und Ekzem angewandt.

PDT nutzt die Porphyrine, die lichtempfindlichen Komponenten des Hämoglobin. Diese Porphyrine haben in ihrem Stickstoffquadrat ein Eisenatom, welches dafür verantwortlich ist, den Sauerstoff zu den atmenden Geweben zu transportieren. Warum Sauerstoff? Weil Sauerstoff die Elektronen, die nach der Energiesynthese in den Zellen übriggeblieben sind, an sich bindet. Andernfalls könnten die Elektronen in Form einzelner Freier Radikalen andere Zellen stören und schädigen. So unterstützen Porphyrine die Energiegewinnung sowohl bei Pflanzen wie bei Tieren.

Wenn die Atmung einer Zelle geschädigt wird, kann sie krebsig werden. Normalerweise wird Energie in den Mitochondrien unserer Zellen durch den „Zitronensäurezyklus" in Form von Adenosintriphosphat (ATP) hergestellt, eines Energiemoleküls, das fast alle Lebewesen haben. Dabei wird dem Adenosindiphosphat (ADP) Phosphor zugefügt, wobei der Sauerstoff als „Elektronenmülleimer" dient, der überflüssige Elektronen an sich bindet.

Wenn eine Krebszelle diese erstaunlich wirksame Energiemaschine blockiert, wendet sich die Zelle in ihrer Verzweiflung primitiveren Mitteln zu, um Energie zu gewinnen, der Glykolyse. Dadurch kann sie nur ein Drittel ATP-Moleküle aus der Glukose gewinnen wie zuvor: 12 Moleküle statt 35. So bleibt die Zelle am Leben, doch sie ist schwach, weil fast ihre gesamte reduzierte Energie die wichtige Pumpe aufrecht erhält, durch die ihre Plasmamembrane oder „Haut" intakt bleibt. Etwa 40 Prozent der von den Mitochondrien produzierten Energie wird darauf verwandt, die Plasmamembrane intakt zu halten.

Jetzt bleibt der armen Zelle nur noch eine verzweifelte Wahl: entweder halb tot weiterzuleben oder mehr Glukose und damit mehr Energie zu gewinnen. Der einfachste Weg besteht darin, die Zuckerstangen auf der Oberfläche ihrer

Plasmamembrane, die Glykoproteine, zu resorbieren. Doch diese Glykoproteine sind ihre Signalumwandler, die ihr sagen, was in der Außenwelt geschieht, und so wird die Zelle blind für die Anweisungen anderer Zellen oder für Kontrollsignale des Gehirns. Das bedeutet, dass sie sich nicht länger als Teil des Körpers verhält und die Wachstumskontrolle aufgibt. Sie kann sich, unbeeinflusst vom elektrischen Feld des Körpers, hemmungslos teilen.

Dass dies so ist, bestätigen drei Tatsachen. Erstens haben Krebszellen fast nie Glykoproteine auf der Oberfläche ihrer Plasmamembranen. Zweitens ignorieren sie die normalen Regeln der Zellteilung (wenn sich normale Zellen berühren, hören sie auf, sich zu teilen). Und drittens sind Krebszellen außerordentlich hungrig nach Glukose. Mit dieser Problematik befasst sich die Photodynamische Therapie (PDT).

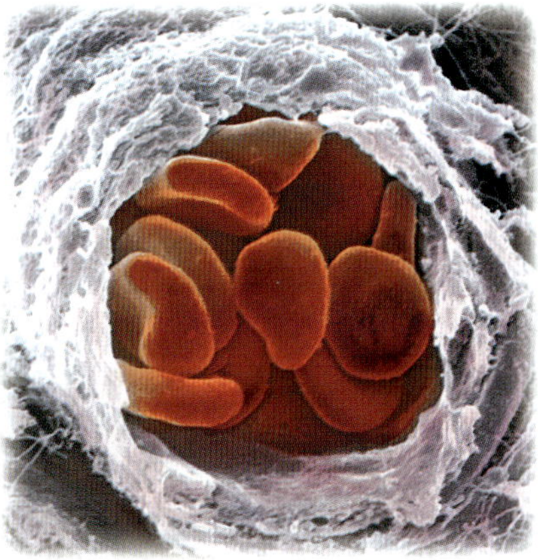

Rote Blutzellen sind voller Hämoglobinmoleküle, von denen jedes ein Eisenatom enthält. Sauerstoff bindet sich an Eisen und wird vom Blut durch den Körper transportiert.

## Die Pioniere der PDT

Bei der PDT-Behandlung werden die Krebszellen mit Licht einer bestimmten Frequenz im roten Frequenzbereich in Kombination mit lichtempfindlichen Porphyrinen bombardiert. Thomas Dougherty, ein Chemiker am Roswell Park Memorial Institute in Buffalo, New York, entdeckte die photodynamische Therapie. Er extrahierte Porphyrine aus Hämoglobin, den Sauerstoff bindenden Molekülen, die unsere roten Blutzellen füllen.

Blut ist rot wegen des Eisenatoms im Herzen der Porphyrinringe. Wenn man dieses Molekül mit rotem Licht bestrahlt, schwingt es in Resonanz. Wenn die Schwingung intensiv genug ist, wird die Krebszelle zurück in ihren normalen Zitronensäurezyklus geschleudert und gibt die wenig effektive Glykolyse zur ATP-Synthese auf. Eine andere Theorie meint, dass der Singulet-Sauerstoff, der entsteht, wenn Porphyrine mit hoch intensivem, rubinrotem Laserlicht bestrahlt werden, für die halbtoten, außer Kontrolle geratenen Krebszellen tödlich sind.

Indem ein alternativer Mechanismus zur Aufnahme von Elektronen in Form der schwingenden Porphyrine angeboten wird, entsteht Singulet-Sauerstoff, und die Krebszellen werden angeregt, zu ihrem ursprünglichen Sauerstoffgebrauch und zur normalen Wachstumskontrolle zurückzukehren. Dieselbe Schwingung hilft den Zellen, ihre Abfallprodukte auszuscheiden und Nährstoffe aufzunehmen. Daher geht die Anwendung photodynamischen Lichts über die bloße Krebstherapie hinaus.

Seit ihren Anfängen in den siebziger Jahren wurde PDT weiter entwickelt und verwendet heute sanften Rubinlaser und Fiberoptik. Die Liste von Krebserkrankungen, die mit PDT erfolgreich behandelt wurden, ist eindrucksvoll und umfaßt fortgeschrittenen Lungenkrebs, Oesophaguskrebs, Kopf-, Hals- und Hypophysenkrebs, Hauttumoren und einige gynäkologische Erkrankungen. Postoperative Behandlungen mit PDT können maligne Zellen erfassen, die bei der chirurgischen Entfernung von Hirntumoren übrig geblieben sind.

## Eine PDT-Behandlung

Die Therapie mit Licht einer bestimmten Frequenz im roten Teil des Spektrums besagt, dass Schwingungsmedizin ohne Chemikalien auskommt und aus der Entfernung wirkt. Bei einer PDT-Behandlung wird dem Patienten zuerst eine photosensitive Substanz namens DHE oder Photofrin intravenös injiziert. Diese Substanz muss eine Zeit lang im Körper zirkulieren, und der Patient darf sich weder hellem Licht noch der Sonne aussetzen. Photofrin wird von Krebsgewebe und von anderen Organen wie den Nieren aufgenommen, doch nach einem Tag wird es aus gesundem Gewebe ausgeschieden und die Lichtbehandlung kann beginnen. Dabei wird rotes Licht mit einer Frequenz von 630 Nanometern benutzt. Es wird durch einen mit Argon gepumpten Laser über eine haardünne Fiberoptikfaser direkt in das befallene Gebiet gestrahlt. Bereits Stunden nach der Behandlung sterben die Krebszellen, wobei das normale Körpergewebe aber nicht angegriffen wird.

Die Paterson-Lampe (gegenüber) wird bei der photodynamischen Therapie zur Behandlung von Hautkrebs gebraucht. Zuerst wird eine Creme, die Photofrin enthält, aufgetragen und von den Krebszellen aufgenommen. Das rote Licht, das genau auf 630 Nanometer eingestellt ist, aktiviert das Photofrin, das seinerseits die Krebszellen tötet.

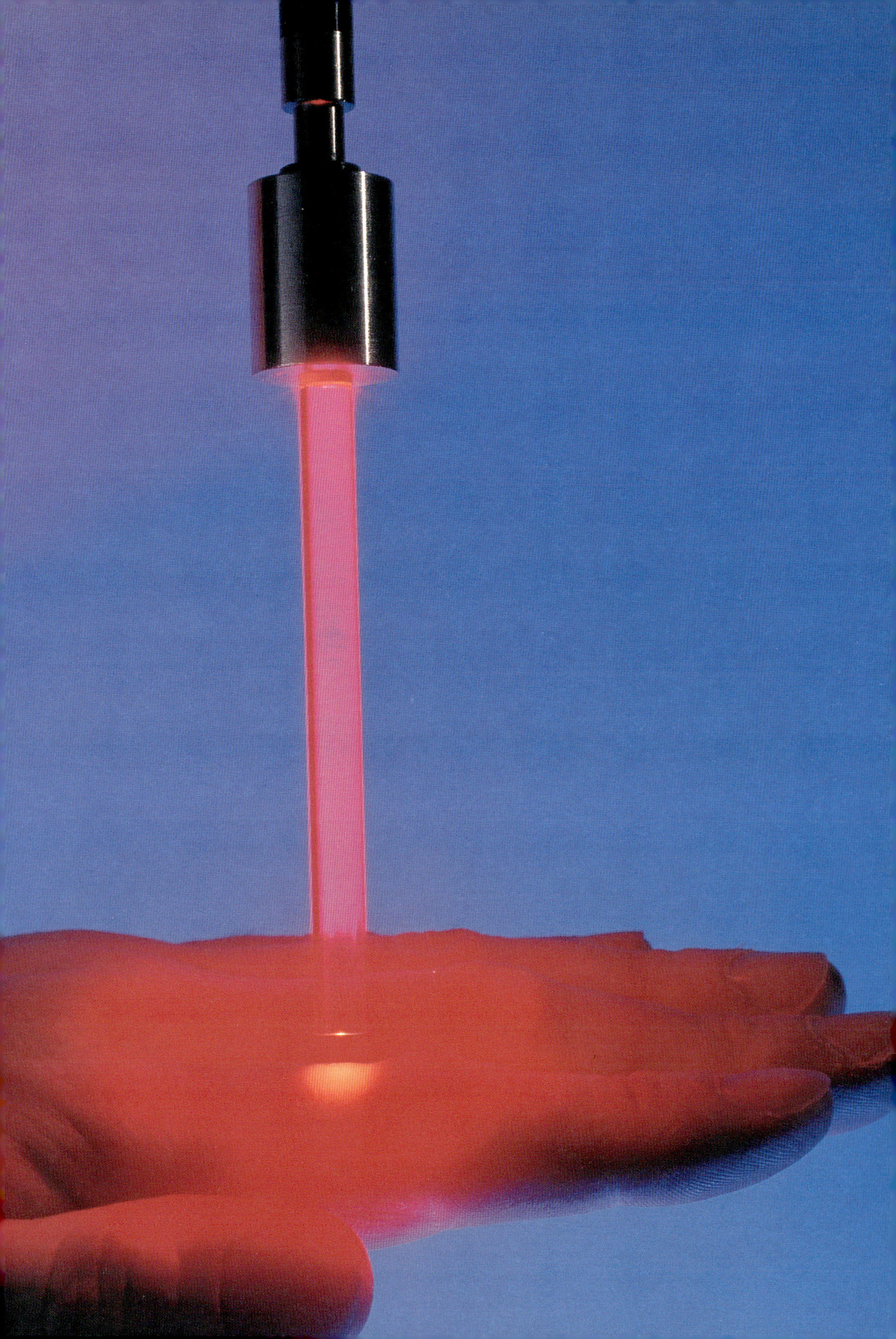

# Heilende Energien

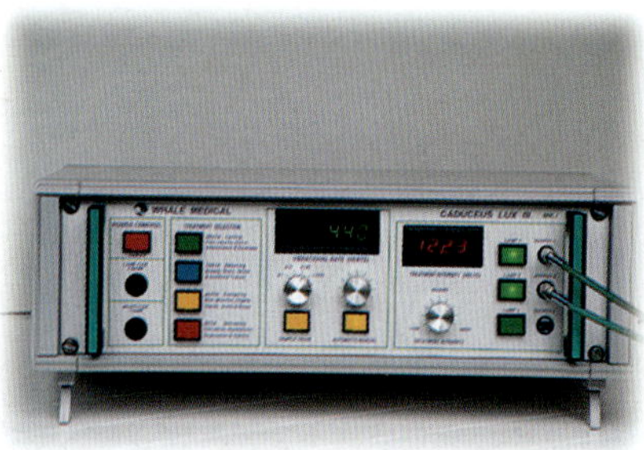


Jon Whales Therapie mit der elektronischen Edelsteinlampe ist sehr wirksam bei der Behandlung von Krankheiten und Verletzungen. Die tief in den Kammern der Lampe liegenden Edelsteine werden durch ein Präzisionsinstrument elektronisch erregt (oben), und diese Frequenzen beschleunigen die Heilung.

In der elektronischen Edelsteinlampentherapie wird 10 bis 20 Minuten lang Licht auf die jeweilige Körperzone gestrahlt. Diese Patientin wird gegen Stress (gegenüber) behandelt.

Die Forscher arbeiten darüber hinaus daran, Lichtenergie mit Hilfe von Geräten, die die Schwingung „erregter" Edelsteine wie Diamant und Saphir nutzen, direkt in das befallene Gewebe zu strahlen.

Der englische Elektronikingenieur Jon Whale entwarf ein Gerät, das Lux Caduceus III, dessen elektronische Energieumwandler Smaragde und blaue Saphire enthielten. Das Gerät wurde bei der Behandlung von Zystitis und Psoriasis mit großem Erfolg eingesetzt. Das Konzept basiert auf dem Gedanken, dass Licht die Eigenschaften von Edelsteinen auf Quantenebene annehmen kann und dass unser Körper dies auf feinstofflicher Ebene spürt.

Das Gerät, in dessen Lichtkanal sich die Edelsteine befinden, strahlt konzentriertes, gefiltertes Licht auf den Patienten. So wie ihre Hand von elektrischem Licht durchstrahlt wird (was Sie jederzeit im Dunklen prüfen können), so dringen die Strahlen der hoch intensiven Lampen des Geräts tief in die Körpergewebe ein. Whales Patienten genasen von Knoten in der Brust, Arthritis, Ekzem und anderen Krankheiten.

Der Farbtherapeut Theo Gimbel entwickelte eine Fackel, die Licht nach einem ähnlichen Prinzip durch eine Kristallnadel schickt. Sein Gerät, die CoCrysto-Fackel, benutzt Filter statt Edelsteine, doch die Oxyde in diesen Filtern sind dieselben, die man in Edelsteinen findet. Tragen Sie weiße Kleidung, halten Sie die Fackel 2,5 Zentimeter vom Körper entfernt und richten Sie sie auf die Chakras. Die Wirkung hängt davon ab, welches Chakra geweckt wurde, doch sie kann sehr stark sein.

## Die Augenheillampe

Theo Gimbel entwickelte außerdem eine Lampe, um Grauen Star, Glaukom und andere schwere Augenkrankheiten zu behandeln. Auch Weit- und Kurzsichtigkeit wird besser, da die Lampe die Muskeln der Iris mobilisiert. Die Augenheillampe (siehe Seite 153) hat, abhängig von der Krankheit, rote oder türkisfarbene Filter und kann auch zu Hause benutzt werden.

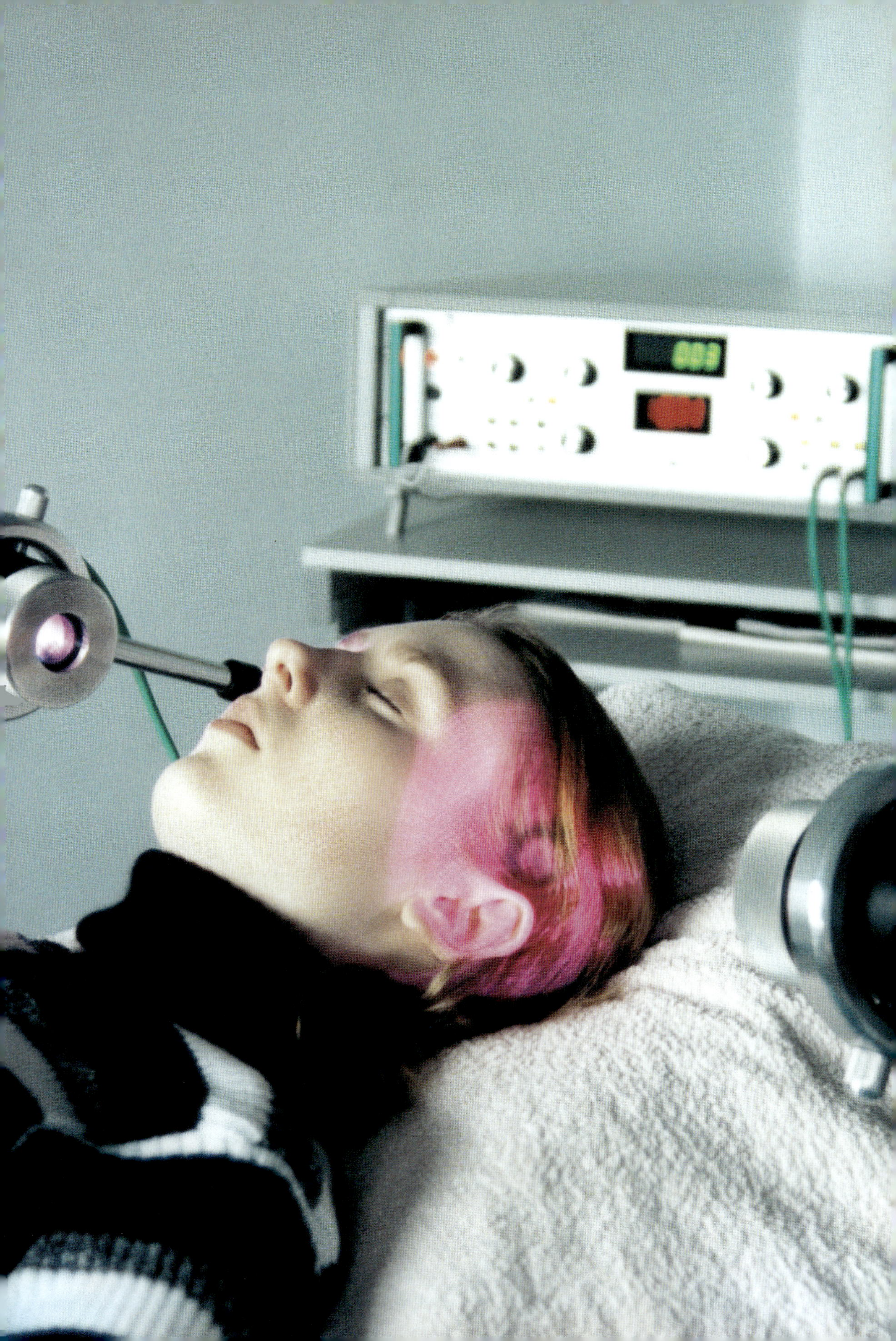
003

# Die Kraft infraroten Lichts

Der infrarote Teil des Spektrums hat ungewöhnliche physikalische Eigenschaften: Es ist ein gut bekanntes physikalisches Phänomen, dass infrarote Strahlung bei einer Temperatur über dem absoluten Nullpunkt in jeder Substanz durch die Schwingung und Rotation von Atomen und Molekülen erzeugt wird. Infrarote Strahlung wird manchmal als Hitzestrahlung missverstanden, weil sie in jedem Objekt, das sie trifft, Hitze erzeugt. Doch Lichtstrahlen, Röntgenstrahlen und selbst hoch intensive Radarstrahlen tun dasselbe. Weil das Infrarotband zwischen den Bändern der Licht- und der Radiowellen liegt, zeigt es viele Eigenschaften des sichtbaren Lichts und der Radarwellen. Es kann durch Linsen fokussiert und wie Radar durch Materialien gesandt werden, die sichtbares Licht nicht durchlassen.

Der Einsatz von Infrarotstrahlung für die Gesundheit durch ein neues Material, das Platinphoton genannt wird, ist dem Westen entgangen, doch in Japan, wo es erfunden wurde, wird es heute häufig zur Verbesserung der Haut angewandt. Das Material, das sich bei Berührung merkwürdig warm anfühlt und wie Baumwolle oder medizinische Watte aussieht, besteht aus Trillionen winziger Platinstäbchen, die in ein Nylonpolymer eingebettet sind. Es wird durch jede Form von Energie aktiviert, wobei die Elektronen dem leichtesten

Weg die Platinstäbchen rauf und runter folgen. Dies wiederum produziert eine Infrarotstrahlung mit Wellenlängen von 4–12 Mikron. Da diese Länge dem Durchmesser der meisten organischen Zellen entspricht, gerät die Zelle in Resonanz und kann Nährstoffe besser aufnehmen und Abfallstoffe besser durch die Plasmamembrane entsorgen. Eine Gesichtsmaske mit Platinphotonen verbessert die Haut, indem sie das Wachstum der neuen Zellen anregt und alte, schmutzige Zellen abbauen hilft. Das Material wird auch bei der Behandlung von Zellulitis gebraucht.

## Jacob Liberman, Pionier der Lichttherapie

Ich möchte dieses Kapitel mit einer Ehrung Jacob Libermanns, dem Pionier der Lichttherapie, beschließen. Libermann wurde 1947 geboren und machte an der Universität von Georgia Abschlüsse in Optik und Medizin. Seine Forschung und sein 1991 erschienenes Buch *Light: Medicine of the Future* hat die Entwicklung der Berufssparte „Lichttherapeut" entscheidend beeinflusst.

Die Vorteile der Lichttherapie sind deutlich. Wie Jacob Libermann sagte: „Unsere Aufgabe ist es, Licht aufzunehmen, damit wir mit unserem wahren Selbst und unserem Schicksal verschmelzen und die Heilung unseres Planeten vorantreiben."

Bei anstrengender sportlicher Betätigung bildet sich Milchsäure in den Muskeln, und der Sportler muss aufgeben. Platinphotonen können diesen Aufbau verzögern und die Energiereserven substanziell steigern. Radfahrer bei den olympischen Spielen (unten) testeten Shorts, die Platinphotonen enthielten, und konnten ihre Leistungsfähigkeit beträchtlich erhöhen.

# Bibliografie

Birren, F., *Colour Psychology and Colour Healing*, Citadel Press, Secaucus, NJ, 1961

Brennan, Barbara Ann, *Hands of Light*, Bantam Books, New York, 1987

Brügemenn, Hans (ed.), *Bioresonance and multiresonance therapy (BRT)*, Vol 1, Haug International, Brussels, 1993

Clark, L., *Ancient Art of Colour Therapy*, Pocket Books, New York, 1975

Coghill, Roger and Oldfield, Harry, *The Dark Side of the Brain*, Element Books, Dorset, 1988 and Element Books, Boston, 1988

Coghill, Roger, *Something in the Air*, Coghill Research Laboratories, Pontypool, Gwent, 1999

Collis, John Stewart, *The Vision of Glory*, Penguin Books, Middlesex, 1975.

Cousens, Gabriel, *Spiritual Nutrition and the Rainbow Diet*, Cassandra Press, Boulder CO, 1986

Devin-Adair Co., *Health and Light*, Old Greenwich CT, 1973

Dinshah, Darius, *Let there be Light* Dinshah Health Society, Malaga, NJ, 1985

Gerber, Richard, *Vibrational Medicine*, Bear and Co., Santa Fe, New Mexico, 1988

Gimbel, Theo, *Healing with Colour*, Gaia Books, London, 1997

Gimbel, Theo, *Healing with Colour and Light*, Fireside, New York, 1998

Hollwich, F., *The influence of ocular light perception on metabolism in man*, Springer Verlag, New York, 1979

Hunt, Roland, *The Seven Keys to Colour Healing*, Harper and Row, San Francisco, 1971

Kaplan, Robert-Michael, *Seeing beyond 20/20*, Beyond Words Publishing, Hillsboro, OR, 1987

Kime, Z., *Sunlight*, World health publications, Penryn, CA, 1980

Liberman, Jacob, *Light: Medicine of the Future*, Bear and Co. Publishing, Santa Fe, New Mexico, 1991

Mayer, E., *Clinical applications of sunlight and artificial radiation*, Williams and Wilkins Co, Baltimore, 1926

McKenzie, T.C. and King, A.A., *Practical Ultraviolet Light therapy*, Ernest Benn Ltd., London (1926)

Ott, John, *Health and Light*, The Devin-Adair Co., Greenwich, CT, 1973

Ott, John, *Light Radiation and You*, The Devin-Adair Co., Greenwich, CT, 1982

Pearson, David, *New Natural House Book*, Conran Octopus, London, 1998 and Fireside, New York, 1998

Pearson, David, *The Natural House Catalog*, Simon & Schuster, New York, 1996

Popp, Fritz Albert, Warnke, Ulrich et al, *Electromagnetic Bio-Information*, Urban and Schwanenberg, Munich, 1989

Reiter, Russel J. and Robinson, Jo, *Melatonin*, Bantam Books, New York, 1995

Rosenthal, Norman, *Seasons of the Mind*, Bantam Books, New York, 1989

Scott-Mumby, Keith, *Virtual Medicine*, Thorsons, London, 1999

Simpson, Liz, *The Book of Crystal Healing*, Gaia Books, London, 1997 and Sterling, New York, 1997

Soyka, Fred and Edmonds, Alan, *The Ion Effect*, Bantam Books, New York, 1977

Steiner, Rudolf, *Colour*, Rudolf Steiner Press, London, 1982

Szent-Gyorgy, Albert, *Introduction to a Submolecular Biology*, Academic Press New York, 1960

Szent-Gyorgy, Albert, *Bioenergetics*, Morrow, New York, (1957)

Szent-Gyorgyi, Albert, *Bioelectronics*, Academic Press, New York, 1968

Tompkins, Peter and Bird, Christopher, *The Secret Life of Plants*, Harper and Row, New York, 1973

Wood, Betty, *The Healing Power of Colour*, Destiny Books, New York, 1984

Wortman, Richard, Baum, Michael et al, *The Medical and Biological Effects of Light*, New York Academy of Sciences, New York, 1985

*The Principles of Light and Colour*, Citadel Press, Secaucus, NJ, 1967

# Hinweise

*Auswahl von Fachpublikationen:*

R. ALTSCHUL. & I.H. HERMAN
Ultraviolet radiation and chlolesterol metabolism *Procs. 7th Ann. Mtg. Amer. Soc. for study of Arteriosclerosis* In: Circulation 8438 (1953)

R.B. ANDERSON, J.E. ROSENBLITH
Light Sensitivity in the Neonate. *Biologica Neonat.* 7: 83 (1964)

V.N. ANISIMOV, O.V. ZHUKOVA
Effect of the light regime and electromagnetic fields on carcinogenesis of the mammary gland in female rats *Biophysics* Vol 41 No 4: pp.817-823 (1996)

I.I. BELYAYEV et al
Combined use of UV radiation to control acute respiratory disease. *Vestn. Akad. Med. Nauk. SSSR* 3: 37 (1975)

VALERI BERAL, S. EVANS et al
Malignant Melanoma and exposure to fluorescent lighting at work. *Lancet* 2. pp.290-293 (August, 1982)

C. BETANCUR, G. DELL' OMO, E. ALLERA
Magnetic field effects on stress-induced analgesia in mice: Modulation of light. *Neurosci. Lett.* 182: 147-150 (1994)

F. BALDERREY, OTGAR BARKUS
Influence of light energy (sunlight) on the hydrogen ion concentration of the blood. *Am. Rev. Tuberc.* 9: 107 (1924)

H.F. BLUM
Sulfanilomide and increased senstivity to light *Am. J. Physiol.* 129: 312 (1940)

R.J. CREMER, P.W. PERRMAN
Influence of light on hyperbilirubinemia in infants. *Lancet* I (1958) p. 1094

C.A. CZEISLER, J.S. ALLEN et al
(2-29a) Bright Light resets the human circadian pacemaker independent of the timing of the sleep wake cycle. *Science* 223: 667-671 (1986)

T.J. DOUGHERTY et al
Photoradiation therapy II: cure of animal tumours with hematoporphyrin and light. *J. Natl. Cancer Inst.* 55: 115 (1975)

A. DOWNES, A. and T.P. BLUNT
Researches on the the effect of light upon bacteria and other organisms. *Proc. Roy. Soc.* 26: 488-500 (1877)

T.H. EAMES
Restrictions of the visual field as a handicap to learning. *J. Educ. Res.* 19: 460-463 (February 1936)

W.F. GANONG et al
Penetration of light into the brains of mammals. *Endocr,* 72:962-963, (1963)

D.T. HARRIS
Effects of UV light on oxygen transport. *Biochem. J.* 20: 280,271 (1926)

W.N. HESS
Reactions to Light in the Earthworm. *J. of Morph.* 39: 515-423 (1924)

W.N. HESS
Nervous System of the Earthworm. *J. of Morph.* 40: 235-60 (1925)

L. HILL
The physiological effects of light. *Proc. Roy. Soc. Med.* 1923

M.F. HOLICK et al
The photobiosynthesis and metabolism and Vitamin D. *Fed. Proc.* 37: 2567 (1978)

F. HOLLWICH, B. DIECKHAUS
Endocrine system and blindness. *German Medical Monthly* 1: (1971c) p22

F. HOLLWICH, B. DIECKHUES
The effect of natural and artificial light via the eye on the hormonal and metabolic balance of animal and man. *Ophthalmologica* 180(4): 188-197 (1980)

H. IRLEN
Successful treatment of learning disabilities. *Procs. 91st. Ann Conv. Amer. Psychological Soc.* Anaheim, CA (August 1983)

J.R. JOHNSON
The effect of carbon arc radiation on blood pressure and cardiac output. *Amer. J. Physiol.* 114: 594 (1935)

T.J. KARU, O.A. TIPHLOVA et al
Stimulation of *E. coli* growth by laser and incoherent red light. *Nuovo cimento* 2d, 1138-1144. (1983)

T.I. KARU
Photobiological Fundamentals of Low Power Laser Therapy. IEEE *J. of Quantum Electronics.* Vol Pe23 - No 10 (October 1987)

D.F. KRIPKE
Therapeutic effects of bright light in depression. *Ann. NY Acad. Sci.* 453: 270-281 (1985)

L.A. KUNITSINA et al
Therapeutic action of UV irradiation in a complex treatment of patients with intial cerebral atherosclerosis. *Sov. Med.* 33: 89 (1970)

R.W. LAM
Seasonal Affective disorder presenting as chronic fatigue syndrome. *Can. J. Psychiatr.* 36(9): 680-682 (1991)

A.J. LEWY, T.A. WEHR et al
Light suppresses melatonin secretion in humans. *Science* 210. 1267-1269 (1980)

J. LIBERMAN
The effect of Syntonic coloured light stimulation on certain visual and cognitive functions. *J. Optometric Vision Development* 17, June 1986

J. LOPIPARO
Phototherapy: will colour be the next medical frontier? *The Osteopathic Physician* July 1978, pp.36-39

J.R. LUCEY
Neonatal jaundice and phototherapy *Pediatric Clinics of North America* 19 (4) 1-7 (1972)

E. MAYER
Present status of light therapy. *JAMA* 98: 221-230 (1932)

S.F. MCDONALD
Effect of visible light waves on arthritic pain: a controlled study. *Intl. J. Biosoc. Res.* 3(2): 49-54 (1982)

GEORGE MILEY
The Knott Technic of Ultraviolet blood irradiation in acute pyogenic infections. *NYS J. Med.* 142: 38-46 (1942)

G.P. MILEY, R.E. SEIDEL et al
Ultraviolet blood irradiation therapy of apparently intractable bronchial asthma. *Arch. Phys. Med.* Jan 1948: 24-29 91948)

G.P. MILEY, ELMER E. REBBECK
The Knott Technik of Ultraviolet blood irradiation as a control of infection in peritonitis. *Rev. Gastroenterol.* 10: 1-26 (1943)

G. MILEY, J.A. CHRISTENSON
UV blood irradiation therapy - Further studies in acute infections. *Am. J. Surg.* 47: 486-493 (1947)

G. MILEY, J. CHRISTENSEN
Ultraviolet Blood irradiation in acute virus and virus-type infections. *Rev. Gastroenterol* 15 (4): 271-279 (1948)

R.Y. MOORE, A. HELLER et al
Visual pathway mediating pineal response to environmental light. *Science* 155: 220-223 (1967)

R.Y. MOORE, DAVID KLEIN
Visual pathways and the central neural control of a circadian rhythm in pineal serotonin N-acetyltransferase activity. *Brain Res.* 71: 17-33 (1974)

R.M. NEER et al
Stimulation by artificial lighting of calcium absorption in elderly human subjects. *Nature* 229: 255 (1971)

J.N. OTT
Colour and light: their effect on plants animals and people. *J. Biosoc. Res.* 7(1): 1985

R. J. PELLEGRINI, A. G. SCHAUSS et al
Leg strength as a function of exposure to visual stimuli of different hues. *Bulletin of the Psychonomic Society* 16(2): 111-112 (1980)

J.B.PHILLIPS, S.C. BORLAND
Behavioural evidence for the use of a light-dependent magnetoreception mechanism by a vertebrate. *Nature* 1992, v359, p142-144

F.S. PRATO, M. KAVALIERS
Modulatory effects of light on nitric oxide associated inhibitory effects of extremely low frequency magnetic fields on opioid-induced analgesia in the land snail. *Bioelectromagnetics Society* June 1998c

RUSSEL J. REITER
Effects of Light and stress on Pineal Function in *ELF EM Fields: the question of Cancer*, Wilson, Stevens et al (eds.) Battelle Press, Ohio, 1990

N.E. ROSENTHAL et al
Seasonal Affective Disorder: a description of the syndrome and preliminary findings with light therapy. *Arch. Genl. Psychiatr.* 41: 72-80 (1984)

N.E. ROSENTHAL, T.A. WEHR
Seasonal Affective Disorders. *Psychiatr. Ann.* 17(10): 670-674 (October 1987)

A.G. SCHAUSS
The physiological effect of colour on the suppression of human aggression: research on Baker-Miller pink. *Intl. J. Biosoc. Res.* 72: 55-64 (1982)

M. SHODELL
The Curative light. *Science* pp47-51, April 1982

B. SPIRE, D. DORMONT et al
Inactivation of LAV by heat, Gamma Rays, and UV Light. *Lancet*, p.188, January (1985)

S.J. WEBB
Genetic continuity and metabolic regulation as seen by the effects of various microwave and black light frequencies on these phenomena. *Ann. NY. Acad. Sci.* 247:327-351 (1975)

S.J. WEBB
Synthesis of DNA by specific frequencies. *Ann. N.Y. Acad. Sci.* 247: 327 (1975)

S.J. WEBB
Turning cancer cells to normal with microwaves. *Int J. of Quant. Chem. Quant. Biol. 1 Symp.* 1, 245-251

S.J. WEBB
The crystal properties of living cells as seen by millimeter micro-waves and raman spectroscopy. *Living State II* Pages 367-403)

P. WHITING
Improvements in reading and other skills using Irlen coloured lenses. *Austral. J. Remed. Educ.* 20: 13-15 (1987)

A.J. WICKINS, I. NIMROD-SMITH et al
Fluorescent lighting, Headaches, and eye strain. *Proc. Natl. Lighting Conference* (1988)

W. WILTSCHKO, H. MUNROLL, H. FORD, R. WILTSCHKO
Red light disrupts magnetic orientation of migratory birds. *Nature* 1993, v364, p525-527

H. WOHLFARTH
Psychological evaluation of experiments to assess the effects of colour stimuli upon the autonomic nervous system. *Excerpta Med. Neurol. Psychiatr.* 2 (4) 1958

R.J. WURTMAN, J. AXELROD
Melatonin synthesis in the pineal gland: effect of light mediated by the sympathetic nervous system. *Science* 147: 1328-1330 (1964)

S. YOUNG, P. BOLTON et al.
Macrophage responsiveness to light therapy. *Lasers In Surg. & Med.* 9: 497-505 (1989)

# Adressen

## BICOM-Therapie

Regumed
Lochamer Schlag 5a
D-82166 Gräfelfing, Germany
Tel.: 00 49 89 854 6101
Fax: 00 49 89 854 6103
Email: info@regumed.de
Website: www.regumed.com

West London BICOM Therapy and Osteopathy Centre
101 Netheravon Road South
London W4 2PZ, UK
Tel.: 020 8747 1766
Email: bicom.westlondon@gmx.net
Website:
www.bicom2000.freeserve.co.uk

## Bioelectromagnetics

Coghill Research Laboratories
Lower Race
Pontypool
Gwent NP4 5UH, Wales, UK
Tel.: 01495 752122
Fax: 01495 769882
Email: enquiries@mag-lab.com
Website:www.cogreslab.demon.co.uk

## Biolumanetics

Patrick Richards
4212 Oak Forest Court
Grand Rapids
Michigan 49549, USA
Tel.: 616 956 00523
Email: pricha4212@AOL.com
Website: www.biolumanetics.com

Thrity Engineer
199 Mortlake Road
Kew
Surrey TW9 4EWß, UK
Tel.: 020 8878 6693
Fax: 020 8404 2953
Website:
www.biolumaneticsat3s.com

## Bioptron

Glowing Health Ltd
Jaysforde House
College Road
Newton Abbot
Devon TQ12 1EF, UK
Tel.: 01626 336 337
Fax: 01626 336 002
Email: glowingh@globalnet.co.uk
Website: www.glowingh.co.uk

Zepter International
USA Inc.
8400 River Road
North Bergen,
New Jersey 07047, USA
Tel.: 201 453 0637
Fax: 201 453 0641
Email: uros@zepter-usa.com
Website:
www.bioptron.com/pages/products.htm

## Cocrysto-Fackel

*Also Eye Healing Lamp, Theo Gimbel's colour therapy training, treatments, and associated products.*
Hygeia Studios
Brook House
Avening, Tetbury
Gloucester GL8 8NS, UK
Tel.: 01453 832150
Fax: 01453 835757

## Vollspektrum-Licht und -lampen

DW Viewboxes Ltd
Freepost MK 1241
Granby
Milton Keynes MK1 1XA, UK
Tel.: 01908 642323
Fax: 01908 640164
Email: sales@dw-view.com
Website: www.dw-view.com

National Light Hire Company
2b Hartwood Road
Southport
Merseyside PR9 9AA, UK
Tel.: 0800 074 1105/01704 530919
Fax: 01704 501363
Email: sadbox@aol.com
Website: www.sadbox.com

Outside In (Cambridge) Ltd
Freepost 1071SV
Cambridge CB3 7BR, UK
Tel.: 01954 211955
Fax: 01954 211956
Email: info@outsidein.co.uk
Website: ww.outsidein.co.uk

Philips Domestic Appliances and Personal Care
Bright Light
34 Hanway Street
London W1P 9DE, UK
Tel.: 020 7636 3942
Fax: 020 7636 3945
Email:
nigel.passingham@infoplan.co.uk

The SAD Lightbox Company Ltd
19 Lincoln Road
Cressex Business Park
High Wycombe
Buckinghamshire HP12 3FX, UK
Tel.: 01494 448727/01494 526051
Fax: 01494 527005
Email:
carolbarksfield@compuserve.com
Website: www.sad.uk.com
Sunbox Designs Ltd

37 Eastern Road
London N2 9LB, UK
Tel.: 020 8444 9218
Fax: 020 8292 1613
Email: info@sunbox.co.uk
Website: www.sunbox.co.uk

Verilux, Inc. "The Healthy Lighting Company"
9 Viaduct Road
Stamford,
Connecticut 06907, USA
Tel.: 203 921 2430 x 105
Toll-Free Tel.: 800 786 6850
Fax: 203 921 2427
Email: lmorton@ergolight.com
Website: www.verilux.net

## Irlen-Methode

The Irlen Centre, London
Irena Corsini
24 Lofting Road
London N1 1ET, UK
Tel.: 07957 644665

## Iridologie

Society of Iridologists
40 Stokewood Road
Bournemouth BH3 7NE
Dorset, UK
Tel.: 020 2529 793

## Knott-Technik

*Kontaktadresse:*
Simon Best
Box 2039,
Shoreham, W Sussex BN43 5JD, UK
email simon.best@euphony.net

Mr Zee Harpaz
5282 Park Place Circle
Boca Raton, Florida 33486, USA.
Tel.: 561 338 9441.
Email: mailto:zee@world-trader.com>zee@world-trader.com

## Lichtmaske

LightMask
PO Box 25632
London N10 3LL, UK
Tel.: 0870 5168143
Email: info@lightmask.com
Website: www.light-therapy.com

## Lux Caduceus III

Whale Medical
PO Box 31
Seaton
Devon E12 2YB, UK
Tel.: 01297 24288
Email:info@whalemedical.com
Website: whalemedical.com

## Monocrom-Light-Dome

Thrity Engineer
199 Mortlake Road
Kew
Surrey TW9 4EWß, UK
Tel./Fax: 020 8878 6693
Website:
www.lifeenhancementsystems.com

Karl Ryberg · Monocrom
Bergsgatan 53
112-31 Stockholm, Sweden
Tel.: 00 46 8 6500077
Email: karl@monocrom.se
Website: www.monocrom.se

## Photobiologie

*The European Society for Photobiology is located at:*
Website: www.pol-europe.net

The American society for Photobiology:
Website:www.kumc.edu/POL/ASP_Home/asp_bro2.html

## Photodynamische Therapie

Laser Medical Research Foundation
Director: James S. McCaughan Jr., MD, FACS, FCCP, FASLMS, BS Chem. Eng.
323 E. Town St, Columbus
Ohio 43215, USA
Tel.: 614 221 2643
Fax: 614 221 0149
Email: lasermed@iwaynet.net

*Siehe auch:*
Website:www.cancercenter.com/home/2/39/169

## Pip Scanner und Elektro-Kristall-Therapie

Harry Oldfield Clinic and School of Electro-Crystal Therapy
117 Long Drive, Ruislip
Middlesex HA4 0HL, UK
Website: www.electrocrystal.com

## Saisonale Depression/Winterdepression

SAD Association
PO Box 989
Steyning
Sussex BN44 3HG, UK
Website: www.sada.org.uk

Society for Light Treatment and Biological Rhythms (SLTBR)
842 Howard Avenue
New Haven
Connecticut 06519, USA
Fax 203 764 4324
Email: sltbr@yale.edu
Website: www.sltbr.org

## Syntonics

Aspen Center for Energy Medicine
PO Box 4058
Aspen
Colorado 81612-4058, USA
Tel.: 1800 576 8038

## Tubular-skylights

Natralux Ltd
Unit 7 Milburn Road
Westbourne, Bournemouth
Dorset BH4 9HJ, UK
Tel.: 01202 760777
Fax: 01202 768277
Email: sales@natralux.co.uk
Website: www.natralux.co.uk

Solatube
2210 Oak Ridge Way
Vista
California 92083, USA
Tel.: 888 476 5288
Fax: 760 599 3099
Website: www.solatube.com

Solatube Europe Ltd
51 Newport Road
Woburn Sands
Milton Keynes MK17 8UQ, UK
Tel.: 01908 585 840
Fax: 01908 585841
Email: sgme@solaglobal.com
Website: www.solatube.com

## Deutsche Kontaktadresse

Licht-Akademie e.V.
Bötzinger Str. 31
D-79111 Freiburg i. Br.
Tel.: 07 61/476 23 55
Fax: 07 61/476 23 56
Email: info@licht-akademie.de
Website: licht-akademie.de

Ziel der Licht-Akademie ist es, das Wissen von Licht interdisziplinär und international zu vernetzen.

# Stichwortverzeichnis

## Danksagung des Autors

Ich möchte den Beitrag meiner lieben Frau Tamara hervorheben, die meine ursprünglich skeptische Haltung diesem Thema gegenüber verstärkte, denn sonst hätten meine Ansprüche an mich selbst dieses Buch wohl verhindert. Es wäre nie geschrieben worden, wenn mich Pip Morgan vom Gaia-Verlag nicht dazu ermutigt hätte. Wenn ich drohte, mich in unvertrauten Gewässern zu verirren, standen mir Jinny Johnson und Sara Mathews in unschätzbarer Weise bei. Alle, die mit dem Thema der Lichttherapie bereits vertraut waren, unterstützten mich bereitwillig. Ich habe erkannt, dass dieses Thema so umfassend ist, dass ich mich eines Tages tiefer damit beschäftigen werde.

## Danksagung des Verlags

Gaia Books möchte sich bei Helena Petre für ihre wertvolle Hilfe beim Text bedanken, bei James Harpur für seinen Rat bei der Rolle des Lichts in den Religionen, bei Gwen Rigby fürs Korrekturlesen, bei Elisabeth Wiggans für die Zusammenstellung des Stichwortverzeichnisses, bei Matt Monate für die Gestaltung und bei Thrity Engineer für ihre Hilfe beim Thema Lichttherapie und dafür, dass das Team die Heilwirkung des Monocrom Light Domes ausprobieren durfte.